隨身版

朝暮課誦

白話解釋 下

黃智海／著

笛藤出版

前言

在眾多佛教入門的佛經釋注、解釋的書中，黃智海居士的著作的確給初入門的人開了一道「方便」之門，將經文做逐字逐句的解釋，不僅淺顯也詳盡、容易理解。

因為時代的變遷、進步，原書老式的排版，對現在讀者的閱讀習慣較吃力困難，有鑒於此，本社的重新編排也盡量朝「方便」讀者的方向努力，使大家可以輕鬆的看佛書、學習佛法，另外，為了方便讀者隨身攜帶閱讀，特別將開本縮小，但字體儘量維持大字、清晰，便於閱讀且加深記憶。

本書有些地方將原文稍做修改，特記如下：

1. 標點符號使用新式標點的編排。新版的標點有些地方並不符合標準的標點符號，為了符合演述者的口氣，儘量保存原有的風味敬請察諒。

2. 內容太長的地方加以分段。

3. 民國初時的白話用字改成現今的用字，例如「彀」改成「夠」。「箇」改成「個」。「纔」改成「才」。「末」改成「麼」……等等意思相同的普通話。

4. 有一些地方方言上的語氣詞改成一般普通話的說法或刪除掉。例如：「同了」改成「和」或「與」，「那」、「了」、「的」、「是」的刪除。

5. 括弧內解釋的部分用**顏色**印刷，和本文區隔，使讀者更容易讀解。

希望稍做改版後的書，能夠對讀者有所助益，有疏漏的地方，敬請不吝指正是幸。

本社編輯部謹識

目次

暮時課誦

暮時，是差不多傍晚的時候。這下面的各種功課，是各處寺院和法會裏，每天晚上所念誦的，所以叫做**暮時課誦**。

爐香讚

做晚上的功課，先要在佛前上香，上香的時候，要**運心作觀**，（運心，就是用心的意思。作觀，是閉眼睛，一邊想一邊看，像是我的面前有許多的佛、許多的香。我對佛用至誠的心，在佛前上香。）想這香是自己的清淨心變現出來的，香的體性就是自己的心性，所以一切的法，都在這香裏面完全具足。（具足，是一切全有的意思。因為一切的法都是心造出來的，香既然是心，那麼心具足一切法，香也自然具足一切法了。）這一縷的香煙，能夠周遍熏到所有十方一切微塵世界裏去，還能夠生出種種供養佛的東西來，像摩尼寶幢、摩尼寶旛、寶珠網、寶傘蓋、天寶衣、（摩尼寶幢，在下面八十八佛裏面摩尼幢佛底下會解釋明白。旛像旗差不多。上面幾種東西，都加一個寶字，是說這幾種東西都是用各種寶做成的意思。天寶衣，是天人所穿，用各種寶做成的衣服。）天餚膳，（餚膳，就是蔬菜和飯，是天人吃的上品東西，所以都加上一個天字。）和各種香油做成的燈燭，光明照遍一切的法界。還有無數的香天子（是香煙變出來的天童子，所以說是香天子。天童子，是天上的童子。）散種種的妙寶華，奏種種的天妙音樂，（奏，就是吹、彈樂器。天妙音樂，是天上很好聽的音樂。）讚嘆佛的功德。

像這樣供養十方微塵世界（微，是極細小的意思。微塵，是極細小的灰塵。說十方世界多到像極細小的灰塵一樣多。）所有三世一切諸佛，都同時完全供養到。自己的身體，像普賢菩薩一樣，化出了無量無邊的身體來（這兩句到下面大懺悔文最後偈裏會詳細講明白。）禮拜供養一切諸佛——這樣無量無邊的世界諸佛廣大法會，都像現前自己的法會，這個法會就是盡虛空遍法界的。能夠這樣地觀想，（這一句的意思是要觀想法會大得不得了。觀想，是同一時候，一面作觀，一面想念。）就叫做**法供養**。要曉得所有的法，總是**一即一切**的。（一，是最少的數目。一切，是所有的種種都包括在裏面，是最大、最多，沒有可以再大、再多的了。現在說一即一切是多少一樣、沒有分別的意思。這種道理在朝課裏，解釋華嚴玄門底下有詳細說明。）所有香裏，不論什麼東西都能夠生出來。想的時候，儘管可以稱自己的心去想，只要不想那不合法的東西就是了。能夠想到心眼裏（心眼不是我們面上的肉眼，是心裏的眼，其實就是這個心。）清清楚楚，像真的看見那種東西，就算是作觀成功了。

講起真實的道理來，一切的法都是自己心造的，一切法的體性，就是自己的心，心性只有一個，所有一切法都是平等的。大小、遠近、長短、前後種種不同的相，其實都是圓融無礙的。因為都是自己的心性，本來就沒有分別，所以說種種是不二的。並且一微塵裏，能夠收盡十方一切世界。一剎那裏，能夠收盡三世一切時劫。但是並沒有把一微塵放大，十方世界縮小。也沒有把一剎那延長，三世時劫縮短。儘管小相裏收容大相，短相裏收容長相，各個都不妨礙。這種極深的道理，倘使看了不能夠明白，只好不去管它，只要能夠相信，不要疑惑亂說、造謗法的罪業，才是最要緊的。

香讚的**讚**字，是讚嘆香的功德。因為香裏具足一切的法，能夠助我成功廣大無邊的供佛功德，所以要讚嘆。還有一層道理，觀想那香上面生出許多東西來的時候，應該要想把這些東西布施十方世界一切眾生，勸他們都拿去供養佛，那麼不僅是廣修供養，也成功了恆順眾生、普皆回向的願了。（廣修供養、恆順眾生、普皆回向三事，是普賢菩薩十大願裏面的三種大願，在朝課裏有詳細解釋。）想成功了，就念下面的讚。

爐香乍爇，法界蒙熏，諸佛海會悉遙聞，隨處結祥雲，誠意方殷，諸佛現全身。

爐香，是燒在爐裏的香。**乍**字，是剛剛的意思。**爇**字，是燒著的意思。**法界**兩個字，總包括所有十方一切的世界在裏面。**蒙**字，是受著的意思。熏字，是香的氣熏著了。這裏剛剛把爐裏的香燒著，十方一切世界都已經熏著了香氣。並不是燒了好久才熏到的，這是什麼道理呢？因為香是自己的心性，十方世界也全是自己的心性，香和十方世界都是這一個心，都在自己的心裏面，沒有什麼阻礙隔絕，所以香氣一放出來，十方世界就同時都熏到了。

每一個世界裏總有佛，世界無窮無盡，就是佛無窮無盡，所以說是諸佛。佛在世界上總是說法度眾生，說一回法，法會裏總有無量無邊聽法的人，聽法的人多，就是法會的大。**海會**兩個字，是把法會比做海，就是形容這個法會廣大無邊的意思。**悉**字，是完全的意思。**遙**，就是遠。十方世界既然都熏著了這爐裏的香氣，那麼十方世界裏的佛道場，就事相上說，是隔開得很遠。但是照真實的道理講起來，像上面所說的十方世界的佛道場，都在自己的心裏，那麼自然都聞得到這香氣了。這個**聞**字是嗅字的解釋，不是聽字的解釋，其實就是照聽字解釋也可以說得通。像華嚴經上說：出一切寶香光明雲，讚嘆三世諸佛功德微妙音聲，充滿十方。（這幾句的意思，是說一切珍寶的香發出來的光明，像雲一樣的又多又好，這種裏面又發出讚嘆三世諸佛種種功德的聲音，非常的好聽，非常的巧妙，十方世界處處充滿了這種聲音。香裏會發出讚佛功德的聲音來，還會充滿十方世界，你想稀奇不稀奇呢？）這不就是香光也能夠發出聲音來說話的證據嗎？香光既然能夠說話，那麼香自然可以聽，倘若香裏一定沒有聲音，那麼也不可說是**一即一切**了，（這裏所說的一即一切，譬如拿六根來講，眼能夠見，也能夠聞、能夠嗅；耳能夠聞，也能夠見、能夠嗅、能夠嘗。一根可以有各根的用處，所以說一即一切。眼既然能聞、能嗅，耳既然能見、能嘗，那麼香為什麼不能有聲音呢？眼只能看，耳只能聽，鼻只能嗅，香一定不能有聲音，這是凡夫的見識，不是佛菩薩的境界。）但是照這裏的文字講，還是應該當它是鼻來嗅的解釋。

隨處，就是處處的意思。**結祥雲**三個字，若是單照字面上解釋，不過是說那種香煙騰在虛空裏結成吉祥的雲罷了。煙本來像雲，有什麼稀奇呢？照這偈的意思看起來，香煙裏應該有種種莊嚴道場和供養佛的東西。那個**祥**字，就是指那供養的東西，因為供養佛是種無上福田，所以說是吉祥。佛又是最吉祥的人，所到的地方就叫做吉祥地，（華嚴經上，帝釋讚佛的偈裏面是這樣說法的。）那麼供養佛的東西，自然也是種種吉祥的了。**雲**字，是取騰在空面的意思，又是多的意思，經裏面凡是供養的東西多了，往往說是雲。像普賢行願品上所說天衣服雲、天傘蓋雲等類都是，現在這個雲字也應該照這種意思解釋。

誠意兩個字：**誠**，是真心、是懇切。**意**，是意根，是第七識，不是第六意識，第六意識只能夠隨時分別各種事相，沒有思量的作用，（思量，就是想，就是心裏打算。）思量是第七識的自性。**方殷**的**方**字，是剛剛的意思。**殷**字，是殷勤的意思。這一句是說，至誠恭敬的心剛剛殷勤地發出來。下一句諸佛現全身是說，一切諸佛的身相完全就在面前都現出來了。上句是自己的誠心，能夠感動諸佛。下句是諸佛的身相，就來應著自己。一邊才感，一邊就應，感應是同時的，沒有前後的。本來就是現前小小的道場、所有十方一切諸佛的大法會完全都收在裏面，若是沒有能夠感應的誠心，佛的身相就不現出來了，只要妄想心真能夠絲毫不起，完全是一片至誠的心，那麼就像水清月現的道理。（水清月現，是說河裏的水若是清的，那麼天上的月照在水裏會顯現出來。倘若水是渾的，月照在水裏就顯現不出來。這是比喻人的心清淨，佛菩薩一切的相，就都能夠現在眼前。倘若心不清淨，佛菩薩的清淨相，自然現不出來了。）自然諸佛都在現前的道場裏現出身相來了。所以凡是做佛事，一定要心裏至誠恭敬，方才能夠有感應。

念這香讚，應該照這種解釋，一句、一句地用心觀想。總之，做功課，第一要誠心。這個香讚是普通的，不論做什麼功課，燒了香，總應該恭敬合掌念這個香讚。

南無香雲蓋菩薩摩訶薩 念三遍

這一句應該接連上面的香讚念。**香雲蓋**三個字，並不是菩薩的名號，是說爐裏的香煙騰在虛空裏，結成像雲一樣的寶蓋。這三個字是出在金光明經裏面，經上說：人間的國王一心恭敬，聽法師說金光明經，手裏拿了燒香的爐，供養這金光明經，在轉一個念頭的時候，那種香氣已經散到十方無量無邊的諸佛世界去了，就在諸佛世界的虛空，結成香煙雲的寶蓋，發出一種金色的光來，周遍照到一切的世界。十方諸佛就一齊讚嘆這說法的法師，稱他大士，（大士，就是菩薩。）說他將來一定成佛，這就叫做**香雲蓋菩薩**。

因為**金光明經**是專門顯心性的道理，就照金光明的三個字解釋：**金**字，是表顯心的體性，取堅固不變的意思，那是**法身德**。**光**字，是表顯心的相貌，取智慧遍照的意思，那是**般若德**。**明**字，是表顯心的作用，取通達一切的意思，那是**解脫德**。就這三個字講就是三德，所以說這部金光明經，是要有大威神力才能夠說。

有人問道：菩薩是有情的一種名號，（有情，就是有知識的。）香雲蓋雖然是神妙不可思議，究竟是無情的一類，（無情，就是說沒有知識的東西。）不是有情的一類，怎麼稱他是菩薩呢？

我道：現在念的**南無香雲蓋菩薩**，是皈命那個能夠用威神力來把香氣變成雲蓋、供養十方諸佛的菩薩，而不是把香雲蓋稱做菩薩。和講經的法會裏，念南無雲來集菩薩摩訶薩的道理差不多。（講經的法會裏，先念香讚，就接著連念南無雲來集菩薩摩訶薩三遍，念到第三遍，在南無兩個字的下面，再加海會兩個字，是說十方世界的菩薩也都來了。用一個海字，就是形容多的意思。但是講經的法會裏，也有不念雲來集，仍舊念香雲蓋，沒有一定的。）那個雲來集菩薩的名稱，是說聽經的菩薩（凡是講經的法會裏，法師上了香，所有十方世界的菩薩、聲聞，和天人、阿修羅等，都會來聽。所以講經這件事情，是不得了的，到法會 來聽經的人，都要誠心恭敬才好。）像雲一樣的多，都聚集到這法會裏來了。**雲來集**三個字，是說來聽經的菩薩，多到像雲一樣的意思。現在的**香雲蓋**三個字，是說菩薩能夠使這香雲結成雲蓋的意思。因為讚香的功德，所以念香雲蓋菩薩，和上面念香讚專門讚香的意思差不多。若是照真實的道理講起來，就說這個香雲蓋就是菩薩摩訶薩也可以。

因為一切的法相，完全都是自己的心相，外面的六塵和這個五蘊的色身，體性是一樣的，所以說六塵不惡，還同正覺。（**正覺**，就是佛性。這兩句是在信心銘裏面，意思是說：色、聲、香、味、觸、法，這六種塵相並不是壞的，和佛性是一樣的。所以荊溪尊者說無情有佛性，意思就是說無情的東西也有佛性。信心銘是一部講佛法的書名。無情的東西，就是那依報的山河大地等等。）既然六塵和正覺是一樣的，無情的東西也一樣有佛性，一樣可以圓成佛道，那麼香雲蓋怎麼不可以稱他是菩薩呢？**一眞法界**裏，（一真的一字，是說沒有和他一樣的，只有這一種的意思。真字，是真實的意思，就是唯一的真實法界，也就是佛法界。）本來沒有有情、無情的分別。

所以毗盧遮那如來，身就是土，土就是身，身體和國土兩種相圓融無礙，稱做菩薩摩訶薩，有什麼不應該呢？

念這一句，是一定要連念三遍，並且念一遍，要拜一拜。念第一個南字，就應該拜下去，伏在地上。念到摩訶薩的摩字，才可以慢慢地起來，三拜都是一樣的。

南ㄋㄚˊ無ㄇㄛˊ蓮ㄌㄧㄢˊ池ㄔˊ海ㄏㄞˇ會ㄏㄨㄟˋ佛ㄈㄛˊ菩ㄆㄨˊ薩ㄙㄚˋ

念三遍

因為下面要念阿彌陀經了，所以先皈依西方極樂世界的三寶。不說極樂世界，而說蓮池，是因為往生的人總是在七寶池的蓮華裏生出來，所以用蓮池兩個字，顯明求願往生的意思。**蓮池**就在極樂世界，說到蓮池，就是說極樂世界。

蓮池海會四個字，是皈依的法寶。**佛**字，是皈依的佛寶。**菩薩**兩個字，是皈依的僧寶。單說菩薩不說聲聞，有兩種意思：第一種意思，是專誠皈依的大乘法，不皈依小乘法，所以單說菩薩，不說聲聞。第二種意思，是極樂世界的聲聞，都是回心向大乘的，（聲聞是小乘，但是極樂世界的聲聞，都是明白了大道理，回心歸向到大乘法上去的。這種聲聞，後來都可以成大乘菩薩，所以雖然只說菩薩，其實聲聞也包括在裏面了。這種道理，在阿彌陀經白話解釋裏面，彼佛有無量無邊聲聞弟子一節底下，講得很明白。）那種聲聞，其實也就是菩薩。所以說了菩薩，就不必再說聲聞了。

還有一層道理，念蓮池兩個字，是皈依極樂世界的依報；念海會佛菩薩，是皈依極樂世界的正報——依報、正報一齊皈依到了。

佛說阿彌陀經

阿彌陀經已經另外有白話解釋的本子，所以這裏不再解釋，經文也不印出來。但是那本白話解釋，因為預備給剛剛學佛法的人看，所以單是照事相上講，理性的一面沒有說到。要曉得，西方極樂世界就是自己清淨微妙的心性顯現的，雖然說是離這個娑婆世界有十萬億個佛世界遠，但其實並沒有一根毫毛的間隔。雖然說沒有一些些間隔，但是分明兩個世界的中間，的確有十萬億個佛世界。這層道理，只要看了朝課裏面所講的十玄門，曉得一切法相都是各個相容的，就可以明白了。

總之，種種相都是自己心現的。種種的心和種種的心所法，清淨、穢濁不同，所以所現的國土相也有淨、穢種種分別。一切的心念，只是一個如來藏心。一個心裏具足一切心法，所以心裏所造出來的法相，也都是一相裏收盡一切相的互相收攝，所以十萬億佛土外的極樂世界，就在娑婆世界裏，娑婆世界也就在十萬億佛土外的極樂世界。

像是兩面鏡子對照的樣子，照鏡子的本位說起來，這一面和那一面遙遙相對，可以算是娑婆和極樂的確離開十萬億佛土。照鏡子裏互相收攝的相說起來，這面鏡子的相在那面鏡子裏，那面鏡子的相在這面鏡子裏，可以算是娑婆和極樂其實不隔一毫。但是鏡子裏收的相，完全是一種虛影，那法相裏收的相就是那種法的本相，都有實用的，這是不同的地方。照真實的道理講起來，一切的法相，本來都是像鏡子裏現的相一樣，只是一種幻想，所以說是**無所得**。（這無所得三個字，是出在心經上面，意思是說：一切法、一切相，都是虛假的，沒有什麼可以得到的，所以說無所得。若是要曉得清楚，可以看心經白話解釋，講得很詳細。）

娑婆的穢濁相，是自己穢濁的煩惱心現的；**極樂的清淨相**，是自己清淨的念佛心現的。穢土、淨土，都是自己的心相，心的外面本來一些東西也沒有，哪裏有什麼娑婆世界？也哪裏有什麼極樂世界呢？所以儘管說西方極樂世界，其實就是唯心的淨土。況且經裏面說種種的境界相，總說是成就如是功德莊嚴，種種莊嚴都是從修的功德上來的，那麼這個淨土，其實就是自己的心修成的，這不是唯心淨土嗎？這部經原來的名字是稱讚不可思議功德一切諸佛所護念經，不可思議功德就是一切眾生的自性清淨心，這個清淨心性，是一切諸佛所護念的，所以六祖大師說：即此不染污，（就是說不染污的心性。護，是保護。念，是紀念。凡是念佛的人，一切的佛都來保護他們、紀念他們。）諸佛之所護念。心性清淨了，國土也清淨，照這部經原來的名字看起來，也就可以曉得是唯心淨土了。

要曉得，極樂世界是阿彌陀佛修了無量劫的難行苦行、（難行，是修很不容易修的功夫。苦行，是熬了種種的苦，一心做修行功夫。）種種功德莊嚴成功的，阿彌陀佛莊嚴成功這個極樂世界，專門可憐我們這些苦惱眾生自己沒有力量逃出三界的火宅去，所以特地布施無數的身命財產，積聚無量無邊的功德，莊嚴出這個清淨的好世界，來接引我們念佛的眾生去受用，從此可以了脫生死，在往生的一世裏，可以一直修到候補佛的位子。阿彌陀佛這樣的大慈、大悲、大恩、大德，怎麼報得完呢？怎麼還不趕緊認真念佛，求往生到極樂世界去永遠地供養佛呢？

本來自己的如來藏心，就是十方三世一切諸佛的法身。十方三世一切諸佛，就是自己心性的本覺智現出來的，（本覺智，是本來有的智慧，沒有迷惑的。）所以一切的佛都是自性佛，西方極樂世界的阿彌陀佛，何嘗不是自性彌陀呢？自、他本來不二的，怎麼可以區分自佛、他佛，執著我相、人相呢？（我相、人相，是有自己的相、他人的相，就是有自己和他人的分別心。）明白了這種道理，只管去觀想西方淨土，仍舊還是修唯心淨土；只管去稱念那阿彌陀佛，仍舊還是念自性彌陀。因為心經白話解釋裏面沒有說到這一種道理，所以在這裏補充。

念的時候，從南無香雲蓋菩薩一直到阿彌陀經無量諸天大眾俱一句。又從東方亦有阿閦鞞佛起，一直到上方的一切諸佛所護念經一句，都要合掌念。

拔(ㄅㄚˊ)一(ㄧ)切(ㄑㄧㄝˋ)業(ㄧㄝˋ)障(ㄓㄤˋ)根(ㄍㄣ)本(ㄅㄣˇ)得(ㄉㄜˊ)生(ㄕㄥ)淨(ㄐㄧㄥˋ)土(ㄊㄨˇ)陀(ㄊㄨㄛˊ)羅(ㄌㄨㄛˊ)尼(ㄋㄧˊ)

念完了阿彌陀經，應該接著念這一種咒，連念三遍，是顯明求願往生的意思。這種咒名的道理和咒的文字，在阿彌陀經白話解釋裏面，也已經都講過，這裏不再多說。

禮大懺悔文

這一篇文是宋朝的不動法師定出來的，法師本來是梵僧，（梵僧，就是印度的和尚。）修密宗的金剛部，功夫很深，所以也稱金剛法師。法師到中國來傳法，住在銀州的護國仁王寺裏。那時候的銀州，算是西夏的領土，（西夏，是宋朝時候的一個小國，宋朝的臣子反叛，自己稱做王的。就是現在陝西省榆林府神木縣。）西夏的國王，因為法師常常唸護國仁王經很靈驗，所以把這個寺稱做護國仁王寺。現在先講這篇大懺悔文的題目。

禮字，就是禮拜。照法師原定的規矩，念這一篇文，總共要頂禮一百零八次，（起初四句偈一拜，金剛上師一拜，皈依佛、法、僧三句一拜，我今發心至三菩提一拜，盡虛空一切諸佛一拜，盡虛空一切尊法一拜，盡虛空一切賢聖僧一拜，如來十號一拜，八十九佛八十九拜，如是等至今皆懺悔一拜，今諸佛世尊至我今皈命禮一拜，所有十方世界中八句一拜，於一塵中塵數佛八句一拜，以諸最勝妙華鬘十二句一拜，我昔所造諸惡業四句一拜，十方一切諸眾生四句一拜，十方所有世間燈四句一拜，諸佛若欲示涅槃四句一拜，所有禮讚供養福四句一拜，願將以此勝功德十六句一拜。

這是照不動法師原來的本子說的，和現在通行的本子有些不同。就像金剛上師，現在的本子裏就沒有。又像所有禮讚供養福，現在的本子，就把福字改成佛字。）是顯明懺悔一百零八種煩惱的意思，（照佛經裏面講起來，一個人的煩惱很多，大略說起來，有一百零八種，若是都說出來，再加上解釋，實在太複雜了。倘若要曉得詳細，可以請一部書，叫教乘法數，看了就明白。）現在各處寺院和法會裏，都改做跪念了。**懺悔**的**懺**字，是求消滅從前已經造的罪業。**悔**字，是立願未來永遠不再造出罪業來。

照梵網經所說懺悔的道理，若是犯了菩薩戒的四十八條輕戒，（菩薩戒，總共是五十八條戒、十條重戒、四十八條輕戒，叫做十重四十八輕。）只要在大眾清淨僧前，說明自己所犯的罪，立誓未來永遠不再犯，那麼罪就可以消滅，這種就叫做**作法懺**。若是犯了菩薩的十條重戒，應該要在佛菩薩像前，日日夜夜地讀誦這十重四十八輕的菩薩戒法，至誠地禮拜過去、現在、未來三世的千佛，（過去的一世，叫莊嚴劫，有一千尊佛出世。現在的一世，叫賢劫，也有一千尊佛出世。釋迦牟尼佛，就是現在世一千尊佛裏的第四尊佛。未來的一世，叫星宿劫，也有一千尊佛出世。）要求到見到好相，若是七日裏不能夠見到，儘管兩個七日、三個七日，一直誦戒、拜佛，哪怕是這樣地做到一年，總要見到了佛來摩頂，或是見到佛光，或是見到佛的華座，（佛坐的寶座，都是各種寶、各種華裝飾成的，所以叫華座。）才可以算罪已經消滅，這種就叫做**觀相懺**。（從前宋朝的慈雲懺主，修般舟三昧，懺悔夙世的罪業，就見到佛來摩頂。般舟三昧是梵語，翻譯成中文，般舟是佛立兩個字，三昧是正定兩個字。般舟三昧是一種修行的方法，從七日至九十日算一期，要不停歇地一步一步旋轉地走，心裏要不住地念佛，若是心能夠安定不散亂，就可以見到佛立在面前，所以叫佛立三昧。）梵網經裏面只說了這兩種懺法，沒有講到觀無生懺，所以犯了七遮罪的，（**七遮罪**，是五逆罪外，加殺和尚、殺阿闍梨兩種。阿闍梨是梵語，翻譯成中文是教授的意思，就是教弟子種種法式，使得弟子行為端正的意思。）就不能夠懺悔了。因為戒法是偏重在事相一邊的，所以只說作法懺、觀相懺兩種的事相懺法，不說**觀無生懺**的理 懺法。講到懺悔七遮重罪，是一定要修觀無生懺法。有四句偈說：罪從心起將心懺，心若滅時罪亦亡。罪亡心滅兩俱空，是則名為真懺悔。這四句的解釋，是說造罪的因，都是從煩惱心上起的，所以要懺悔罪業，還是要把自己的煩惱心來懺悔，只要那種煩惱心消滅了，罪也就沒有了。曉得罪和煩惱心兩種，都是像空華的樣子拿不到的，這就叫做是真實的懺悔法，這種道理就叫做觀無生懺法，那是連七遮重罪也可以懺悔消滅的。

還有一種修普賢行願法，（普賢行願法，就是華嚴經裏面的普賢行願品，現在已經有普賢行願品白話解釋出版了。）也可以消滅七遮罪。因為普賢菩薩的十大願王，願願都是從真實心發出來的，所以修行願法，可以和修觀無生懺法有同樣功效。照三種的懺法講起來，作法懺的滅罪力量最小。觀相懺的滅罪力量雖然比作法懺大些，但是還有七遮重罪不能夠懺悔消滅。只有那種觀無生懺，不論輕罪、重罪，一齊都可以消滅，滅罪的力量來得最大。現在這篇文裏，所有一切的罪完全都懺悔，正主是用觀無生懺法。但是那兩種作法懺、觀相懺的儀式，也完全都有，所以叫做**禮大懺悔文**。

有人問道：為什麼大家都要懺悔？難道人人都有罪業嗎？

我道：我們這些人，從無始到現在所造的業，一世一世、一劫一劫地累積上去，哪還有數目可以計算？華嚴經行願品上說：若是惡業有體相，那所造的業，盡虛空界也還容不下去。照這樣說來，一個人所造的業，還得了嗎？怎麼還可以不趕緊盡心盡力的懺悔呢？

況且，我們人如果沒有罪業，怎麼還會在這五濁惡世裏做人受苦呢？所以既然做人，就是有罪業的證據，怎麼可以不懺悔呢？

再進一層說，這一世幸虧還在做人，受的苦報還是很輕的，若是不求懺悔，不求往生極樂世界，或是這一世又造了大罪業，或是前一世、前十世、前百世造過的大罪業，到了下一世，受起重的苦報來，或是墮落到畜生道、餓鬼道、地獄道，那怎麼辦呢？到了那個時候，還來得及懺悔嗎？還聽得到這種懺悔法門嗎？

所以從前已經造的業，固然要趕緊懺滅，還要切切實實地發願心，未來一定不再造業，那麼罪業才可以消滅清淨。若是一面懺悔從前已經造的業，一面又再造出新的業來，那就變成永遠受報不完，這怎麼得了呢？

所以既然曉得了懺，還不可以不曉得悔，就是這個緣故。不動法師教大眾依照這種方法去懺悔，真是無量功德，我們應該至誠懇切地去懺悔，才是自己救自己的道理。

大慈大悲愍眾生，大喜大捨濟含識。
相好光明以自嚴，眾等至心皈命禮。

這四句偈是大懺悔文開頭讚嘆諸佛的功德，顯明自己發心皈依的。能夠使眾生受到快樂，叫做**慈**心。能夠使眾生不受苦惱，叫做**悲**心。眾生得到了樂處，離開了苦處，自己心 替他們歡喜，叫做**喜**心。對一切眾生平等看待，所有憎愛的心（憎字，是恨的意思。）一齊捨棄，（捨棄，是放掉的意思。）叫做**捨**心。因為這慈、悲、喜、捨四種心，要放得很大很大，沒有數目可以計算，並且都是用在無量數的眾生身上，又可以引起眾生無量的福，（上面所說受著快樂、不受苦惱等，就都是眾生受到的福。）所以叫做四無量心，（所以叫無量心，是說發心發得大，大到沒有限量的意思。）這四種無量心，修禪定的也有這一種修法的名稱，（修法，就是修行的法門。）叫做慈定、悲定、喜定、捨定。因為佛常常住在這四種的定心上，所以佛有真實的力量去救度十方三世一切的眾生。因為佛有真實的力量，所以佛的**慈悲喜捨心**，就稱他是**大慈**、**大悲**、**大喜**、**大捨**。

愍字，是哀憐的意思。眾生在生死的夢裏，自己不知不覺把虛幻的境界當做真實，冤枉受種種苦惱。佛眼看覺得實在很可憐，所以說出種種法來，把眾生貪生死的癡夢叫醒，這就叫做大慈大悲心。

濟字，是渡字的意思。佛說種種修行的法門，彷彿是渡人的船，依了法門修，（這是佛菩薩不得了的。）一定能夠渡過這生死苦海。**含識**兩個字，含是包含，識是知識。凡是有生命的東西，都有一種知識（知識性，就是有知覺的一種性。）包含在身體，所以叫做含識，其實就是眾生。

一切的佛發心修道，就是為了要救度眾生，所以普賢十大願王的最後兩願，就是恆順眾生，普皆回向。**恆順眾生**就是**大喜**心。（事事依順眾生，已經是很不容易做到了，何況是永久不變的依順呢？這一定是極願意、極喜歡，才能夠辦到，沒有一些勉強的心，所以說是大喜心。）**普皆回向**就是**大捨**心，

（因為把自己所修的種種功德都回向到眾生去，所以說是大捨心。）這兩個願心就叫做眾生無邊誓願度，（眾生無邊誓願度，這一句是在四宏誓願裏面，到下面會講明白。）一定要修了這種菩薩的因，才能夠結成佛的果。這第一、第二兩句，是讚嘆佛心的。

佛的報身，叫做法門身，是修種種的法門莊嚴成功的，也叫做智身，照十六觀經上說，阿彌陀佛身上有八萬四千種**相**，一種一種的相裏，各有八萬四千種隨形**好**，（在每一種相裏，還各有八萬四千種的好形容，因為這種好形容，都跟隨相的形容，所以叫隨形好。）一種一種的好裏面還各有八萬四千種**光明**，一切佛的報身大概都是這樣的。**以自嚴**的**以**字，是用字的解釋。**自**字，是說諸佛自己。**嚴**字，就是莊嚴。意思是說，諸佛用這種相好光明來莊嚴自己的身體，這是讚嘆佛身。

眾等，就是說眼前一同做夜課的大眾。若是一個人在自己家裏供的佛像前念，應該要把這眾等兩個字改做弟子兩個字。**至心**是至誠心，就是一心恭敬的意思。**皈命禮**就是皈命諸佛、頂禮諸佛。現在改做跪念，不照不動法師的頂禮一零八次，就和這個禮字有些不合了。照修各種的懺法，本來說是禮懺，俗語叫做拜懺，可見得是重在禮拜。所以梵網經上說，要懺悔犯菩薩十重戒的罪，一定要至誠恭敬禮拜三世千佛。恭敬禮拜佛，才合著懺悔罪業的道理。

依我的意思，我覺得儘管跪念，念到應該拜的地方，還是照不動法師原來的意思拜，仍舊拜滿一百零八拜，那就更加好了，這不過是多點時間罷了。然而要懺悔消滅自己的罪業，免得將來受苦報，還怕延長做功課的時間嗎？

●

南無皈依十方盡虛空界一切諸佛

南無皈依十方盡虛空界一切尊法

南無皈法十方盡虛空界一切賢聖僧

照不動法師的原文，這三句的前面還有**南無皈依金剛上師、皈依佛、皈依法、皈依僧。我今發心，不爲自求人天福報、聲聞緣覺乃至權乘諸位菩薩，唯依最上乘發菩提心，願與法界衆生一時同得阿耨多羅三藐三菩提**。

這幾句文，現在通行的暮時課誦本子上，把這幾句一齊刪去了，大約是因為金剛上師的稱號是密宗稱教主。禪宗、淨宗沒有金剛上師那種稱號的緣故，而且皈依三寶和發願後面又都有，所以刪去。其實細看那文字，前後是兩種意思，並沒有重複。禮佛發願，本來是應該一念一念接續不斷，就是前後重複也不要緊。

講到金剛上師，雖然是密宗的稱號，不過一樣都是本師釋迦牟尼佛傳的教法，有什麼分別呢？況且，後面蒙山施食就是依照密宗的規矩做的，那麼念皈依金剛上師實在也是應該的。現在課本裏既然把這一段文刪去，本來可以不必解釋，但是恐怕別處地方還有依照原文念的，所以簡單地把這幾句的大意解釋一回。

密宗稱的**金剛上師**，就是毗盧遮那如來，是法身佛。佛的法身，就是一切眾生的真如本性，真如本性永遠不會變動，所以比做金剛。佛是九界眾生的大師，最尊、最上，所以稱做上師。這金剛上師的名號雖然是佛的尊稱，（尊稱，是尊重的稱號。）其實也就是一切眾生自己的本性。本性裏原來有的三種德，叫做**自性三寶**，一種是法身德，就是佛寶。（佛，是說道的寶。因為佛法的道理、修成佛的法門，都是佛說出來的，所以叫說道的寶。）一種是般若德，就是法寶（法，是載道的寶。載是裝在裏面的意思，因為出世法種種的道理都在經裏面，所以叫載道的寶。）一種是解脫寶，就是僧寶。（僧，是傳道的寶。因為佛涅槃後，佛法就沒有人說了，全靠僧來傳法，所以叫傳道的寶。法身德、般若德、解脫德，在佛法大意和朝課裏面，都有詳細解釋。）念念能夠覺悟道理，不生出迷惑來，叫做皈依的自性佛寶。念念能夠守著正當的道理，不起各種邪見，叫做皈依的自性法寶。念念能夠清清淨淨，不貪一切可愛的境界，叫做皈依的自性僧寶。

先念皈依金剛上師，是表顯皈依自己本性。再念皈依佛、法、僧，是表顯皈依自性三寶，和後面的皈依別相三寶意思是不同的。

我今發心……這幾句文，照大意解釋，是說自己現在所以發心修行，並不是為了自己求人間的富貴，或是求天上的快樂那種的福報，也不是想要證著聲聞、緣覺的果位，或是大乘的各種**權教**（權字，是從權的意思，就是變通、通融的意思，不是真實的。除了圓頓教外，還有各種教法，都是權教。所說的各種教法，是天台派把佛法分做四教，叫**藏教**、**通教**、**別教**、**圓教**。藏教，是講小乘法。通、別、圓三教，都是講大乘法，這三種教都是一教比一教深，一教比一教高，到圓教，那就完全是佛法裏面最深、最高的教了。

藏教，是對三界裏鈍根的眾生說的法，這種鈍根眾生執定了三界裏的一切法都是實在有的，是偏在有的一邊。

通教，是對三界裏利根的眾生說的法，這種利根眾生又認定三界裏的一切法都是空的、假的，又偏在空的一邊了。

別教，是對三界外的鈍根眾生說的法，這種三界外的鈍根眾生，與三界裏的鈍根眾生不同，他們能夠明白十法界無量的法門，無論世法、出世法沒有不明白的，這種雖然說是眾生，但是已經都是菩薩了。

圓教，是對三界外的利根眾生說的法，這種三界外的利根眾生，不但明白十法界的一切法，並且都能夠悟到圓融的道理，一些不落偏的，真可以說是圓融無礙、周遍無，最為圓滿，這是藏、通、別、圓四種教的大概情形。

權乘菩薩，是藏、通、別三教的菩薩，因為功行還淺，不能夠稱做真實菩薩。若是到了圓教，就都是真實菩薩，就叫做**實乘菩薩**，不是權乘菩薩了。頓字，是立刻的意思，就是立刻可以成佛的意思。權乘，是從權稱做菩薩，其實沒有到真實菩薩的地位。實乘，才是真實菩薩。）所講的一切菩薩果位，也都還不是我的心願。我其實是依照最上乘的佛法，（最上乘，就是圓頓教。）發的大菩提心，願意和那所有一切的眾生，就在這發心的一刻，一同證得佛的無上菩提。這是照句子大略的解釋。

本來圓頓教的說法，是說初發心就成佛，就像六祖惠能大師聽了五祖講金剛經，頓時就明心見性了。五祖對他說：識得自己的本心，見著自己的本性，就叫做丈夫、天人師、佛。（丈夫、天人師、佛，下面講到佛的十種名號，會解釋清楚。）但是這種佛，還只是**分證的佛**，不是**究竟的成佛**。（分證，是證得幾分，沒有全部證得。究竟成佛，才是完全證得了。）再講同時成佛的一種道理，照真實說：所有三世一切的時劫，總之只在一剎那裏，所以一切的佛可以說是同時成佛的。但是三世時劫的那種虛相，也不可以說是沒有。本師釋迦牟尼佛得道成佛的時候，就看見一切眾生同時成佛，（釋迦牟尼佛在我們這個南瞻部洲出家成佛的時候，三千大千世界裏有千百億南瞻部洲，就有千百億釋迦牟尼佛出家成道。）這是佛證得的境界，真是不可思議，也說不明白的。

總之，這幾句文是發修行的願心，和後面發回向的願心，意思也是兩樣的。照我說起來，依照現在通行的課本念，也仍舊可以頂禮一百零八次，只要把開頭大慈大悲的四句偈，改做每句一拜，那麼也合著一百零八拜的數目了。把這段刪去的文補講清楚，再來解釋現在的本文。

這三小段，是皈依的常住三寶。有人問道：十方的虛空界沒有盡處，那麼依各方虛空成立的世界，自然也都是沒有盡處。每一個世界裏總有一尊佛教化眾生，有了佛教化眾生，那麼一定就有法，就有僧了。世界既然是沒有盡處的，那麼佛、法、僧三寶，自然也是無盡的。像這樣無盡的三寶，怎麼能夠說皈依盡呢？我道：十方三寶的相，雖然說都是無盡的，但是能夠明白唯心的道理，發心皈依的時候，其實就已經是皈依盡了。因為一切的相，都是自己的心現出來的，完全就在自己的心裏。沒有一個相在自己的心外面，盡虛空界也就在自己心裏了。盡虛空界既然在自己的心裏，盡虛空界所有的佛、法、僧，也沒有不在自己的心裏。既然都在自己的心裏，那麼發了皈依的心，還有不在同一個時間皈依盡的嗎？

一切諸佛，是說佛的多。一切尊法，是說法的尊貴。法，是一切諸佛的大師，一切諸佛所以能夠成佛道，就是靠這法寶的力量。佛已經稱世尊了，法還是佛的大師，因此沒有比法更加尊貴的，當然應該稱做尊法。一切賢聖僧，是顯明白皈依三乘裏面證到果位的僧人。（三**乘**，是佛、菩薩、聲聞。）證到了各種果位，沒有證得法身的，稱做**賢人**。要證著法身，才稱做**聖人**。（十住、十行、十迴向，三種菩薩叫三**賢**，就是賢僧。十地菩薩叫**十聖**，就可以稱做聖僧了。）一個人沒有修到成佛的地步，沒有修到跳出三界的地步，但是皈依了佛，就可以不墮落到地獄道裏。皈依了法，就可以不墮落到餓鬼道裏。皈依了僧，就可以不墮落到畜生道裏，所以這三寶是萬萬不可以不皈依的。要照這樣的皈依三寶，才可以叫做發大心，也就可以叫做普賢禮佛。（普賢禮佛，是說有普賢菩薩那種大心的禮佛，這種道理，在朝課十大願的第一願裏已經講過。）

●南無如來、應供、正徧知、明行足、善逝、世間解、無上士、調御丈夫，天人師、佛、世尊。

這是一切諸佛的十種**通號**，（通字，是普通的，不是特別的意思。）因為這十種名號，凡是佛都有的，所以叫做通號，也可以叫德號。因為名號本是用來表顯佛的功德，所以叫德號，梵語稱做多陀阿伽陀，又稱做怛闥阿竭。像釋迦牟尼和阿彌陀那種名號，是各別不同的，就叫別號。禮佛之前，先恭恭敬敬念佛的十種通號，是表顯讚嘆諸佛功德的意思。

照**如來**兩個字的字義解釋，**如**字是不變的意思，**來**字是隨緣的意思。（隨緣，是說機緣怎樣，就跟隨了機緣也是怎樣，沒有一些固執不圓通的見解。）金剛經上說：無所從來，亦無所去，故名如來。意思是說沒有從什麼地方來，也沒有到什麼地方去，所以稱如來，這是照法身佛解釋的。轉法輪論上說：

（轉法輪論，是一部講佛法的書名。）第一義諦名如，正覺名來。第一義諦就是如如不動的理性，（如如，就是真實不變動的意思。）正覺，（不動念頭，自然能夠覺得，叫做正覺。）就是如如不動的真實智慧。智慧和理性合著，叫做如來，這是照報身佛解釋的。成實論上說：（成實論，是一部講佛法的書名。）乘如實道，來成正覺，（乘字，是乘車、乘船的意思。如實道，是真如實相的道理。拿如實道來比車比船，乘了這種車船，到世界上來成佛、成正覺，就是成佛。）故名如來。這三句的意思是說，從法身上面生出變化身來應眾生的緣，在世界現成佛的相，所以叫做如來，這是照應身佛解釋的。

應供的一種德號，梵語稱做阿羅訶。**應**字，是應該；**供**字，是**供**養。大論上說，（大論，就是智度論，也是一部講佛法的書名。）佛應該受一切眾生的供養。羅漢雖然也可以說是應供的，但是只能夠受三界眾生的供養，不能夠受一切眾生的供養，所以只好算是半應供。只有佛可以受九法界所有一切眾生的供養，（九法界，是十法界除去佛法界。）那才是真實的應供。

正遍知的一種德號，梵語稱做三藐三佛陀，又稱做三耶三菩。照正遍知三個字的字義解釋，不偏不邪叫**正**，沒有遺漏叫**遍**。**知**字，照鳩摩羅什法師講，應該照覺字解釋，因為佛陀本來是翻譯做覺字，所以正遍知，應該說是正遍覺。佛的說法，沒有絲毫錯的，所以說是正。佛的智慧，沒有觀照不到的地方，所以說是遍。所有分段生死、變易生死（分段生死、變易生死在佛法大意面有詳細解釋。）兩種生死大夢，都超出了，所以說是覺。不要說凡夫、邪道絕說不到一個覺字，就是三乘的聖人也還夠不上，因為還有變易生死的夢沒有覺的緣故，所以這個號，只有佛可以稱。

明行足的一種德號，梵語稱做鞞侈遮羅那三般那。**明**是三明，就是天眼明、宿命明、漏盡明。這種三明，和六通的天眼通、宿命通、漏盡通是兩樣的。大論上說，若是只曉得他在這邊死、那邊生，叫做通。再曉得他的行業因緣（行業，就是過去所造的業。行業因緣，是說受各種的樂報、苦報，都是造了善業、惡業的因緣。）一定能夠會合攏來，沒有錯失的，才可以叫做明（這是天眼明。）只曉得過去宿命的種種事法，叫做通。再能夠曉得種種因緣行業的，（曉得因緣行業，是曉得造各種的善業、惡業，就應該得到各種的樂報、苦報。）才可以叫做明（這是宿命明。）不過能夠一時斷盡種種的煩惱結心，（結，是結住、縛住的意思，眾生被煩惱所結住，不能夠解脫，所以叫煩惱結。）不曉得後來再生出來、不再生出來，叫做通。若是曉得諸漏盡了，（漏字，譬如一個破瓶，裝水進去都要漏出來，就像人有了貪瞋癡種種煩惱，本來他有的清淨心都被這些煩惱勾引去了，就造出種種的業來，像漏的瓶一樣壞。漏盡，就是這種種的壞處完全沒有了。）那就種種的煩惱結心，也決定不會再生出來了，才可以叫做明（這是漏盡明。）**天眼明**，是能夠曉得現在世的一切法。宿命明，是能夠曉得過去世的一切法。**漏盡明**，是能夠曉得未來世的一切法。羅漢得六神通，也得到這三種明，但是現在世只能夠看到一個大千世界，過去世、未來世都只能夠曉得八萬大劫，所以雖然是明，還是不滿足。佛的三明，才是透徹到底的。

法華經上說：通達罪福相，（通達，就是明白。）遍照於十方。又說：佛智淨微妙，通達無量劫。這四句的意思是說，所有十方眾生罪、福兩種的相都能夠明白。佛的智清淨微妙，所以哪怕無量劫的長久也都能夠明白，所以說是明足。**行**字，就是六度萬行，佛修了三大阿僧祇劫，有百劫種的相好，（劫，是一個劫的數目。）六度圓滿，萬行莊嚴，所以說是**行足**。

善逝的一種德號，梵語稱做修伽陀。**善**字是好的意思，**逝**字是去的意思，善逝兩個字合起來講是去得好的意思，因為是到不生不滅的好地方去，所以說去得好。大論上說：於種種諸深三摩提（三摩提，就是正定，加一個深字，是說這正定的功夫很深。）無量智慧中去。所以說是善逝。菩薩地持經上（菩薩地持經，是一部佛經的名稱。）解釋這善逝兩個字，說是第一上升，永不復還。說上升已經很好，何況又說是第一呢？說不還來已經是去了，何況又說是永遠不還來呢？

世間解的一種德號，梵語稱做路伽憊。**世間**有兩種：一種是有情世間，就是眾生。一種是無情世間，就是國土。（一切的依報，都包括在無情世間面。）**解**字，是明白、曉得的意思。佛看了世間的一切相，不論是有情世間、無情世間，都明白得很，沒有一些不知道的，所以稱世間解。

無上士的一種德號，梵語稱做阿耨多羅。佛是一切眾生裏最尊、最上的人，再沒有比佛更加尊、更加上的人了，所以說是**無上士**。涅槃經上說：有所斷者，（斷，就是斷德，是佛的一種德，佛能夠斷盡一切煩惱，所以叫做斷德。）名有上士。無所斷者，名無上士。有所斷，還有一品的根本無明沒有破，還是斷德沒有究竟圓滿，還是等覺菩薩，還比佛差一級，所以叫做**有上士**。佛是斷德究竟滿足，再沒有什麼可以斷的，修證到了沒有什麼可以修證的地位，還有哪個能夠勝過佛呢？所以無上士的德號，只有佛能夠稱。

調御丈夫的一種德號，梵語稱做富樓沙曇藐菩羅提，翻譯成中文，就是可化丈夫調御師，（可化丈夫調御師，是說能夠勸化丈夫的調御師。）現在只用調御丈夫四個字，是簡單說法。**調**字，是用軟功夫來化導的意思。**御**字，是用強力來制伏的意思。丈夫兩個字，照大論上說：若言佛為女人調御師，為不尊重。若說丈夫，一切都攝。這幾句的意思是：倘若說佛是女人的調御師，就不尊重佛了。若是說佛是丈夫的調御師，那就不但是女人當然在裏面，所有一切眾生都包括在裏面了，那就是指一切眾生說的了。安士全書裏面，（安士全書，是一部勸人信佛的書名。）講調伏馬的四種方法，說是佛在世的時候，有專門調御好馬的馬師，佛問他用幾種法調御？馬師回答說是四種：第一是用恩。第二是用威。第三是先用威，後用恩。第四是先用恩，後用威。馬師也問佛用幾種法教化眾生？佛說也是用這四種法：第一、用恩的，對那善信的人，教他修行學道。第二、用威的，對那造惡的人，對他說墮落三途的苦處。第三、是先教他修行學道。第四、是先對他講三途的因果。這就叫做調御丈夫。

天人師的一種德號，梵語稱做舍多提婆魔㝹舍喃。佛是三界眾生的大導**師**，（導師，是指導眾生的師父，加一個大字，是稱讚這位導師指導得非常好，受指導的眾生又非常多。）三界 面**天**和**人**的兩種眾生，算是最上等的，說了天、人，還有一切眾生，也都包括在裏面了。照大論上說：度餘道眾生者少，度天人眾生者多。（這兩句是說佛的度眾生。度天道、人道裏的眾生多，度還有四道的眾生少，可見得我們既然生在人道裏，就容易碰到佛來度，哪還可以不趕緊念佛求往生，跳出三界。）所以說是天人師，就因為度天、人多的緣故。

佛的一種德號，在朝課裏已經講過。

世尊的一種德號，梵語稱做路迦那他。成論上說：（成論，是一部講佛法的書名。）具足上面的九種德號，天上、人間大家都尊敬的，所以說是**世尊**。從如來起一直到世尊，總共有十一種德號。涅槃經疏、（涅槃經疏，是解釋涅槃經的注解。）阿含經（阿含經，是一部佛經的名稱，是講小乘法的。）和成論都是把無上士、調御丈夫合做一號。若是依照大論上的說法，那就無上士和調御丈夫是兩種德號。把世尊的一種德號提出來，說是佛的總號。因為上面的十種德號完全都有了，所以世間、出世間，都稱佛是第一、最尊的。現在的課本上，把善逝、世間解合做一句念，不曉得是依據哪一部經論上的說法，無法考查得出來。（上面所講的十種德號，在阿彌陀經白話解釋最後修行方法裏面，開經偈底下也有解釋，可以一同看看。）

南無普光佛

普字，是周遍的意思。**普光**，是說佛的智慧光能夠周遍照到一切的境界。

南無普明佛

四十二品無明，佛都完全破盡了，沒有一絲一毫微細的無明，所以稱做**普明**。（細微的無明很多很多，不可以用數目來算他的品數，佛經裏面大略說說，分做四十二品，從圓教的十住菩薩算起，破一品無明進一位，漸漸地一品、一品破過去，漸漸地一位、一位進上去，進過十住、十行、十回向、十地，一直到等覺菩薩、妙覺菩薩，才把四十二品無明完全破盡，就成佛了。）

南無普淨佛

ㄋㄚˊ ㄇㄛˊ ㄆㄨˇ ㄐㄧㄥˋ ㄈㄛˊ

法華經上說：微妙淨法身，具三十二相。（就是說佛的法身最是微妙清淨，三十二種的好相完全具足，沒有缺少的。佛的三十二相，在普賢行願品白話解釋裏面有詳細注解。）是說佛身的清淨。仁王經上說：三賢十聖位果報，唯佛一人居淨土。（**三賢**，是十住位、十行位、十回向位的菩薩。**十聖**，是十地位的大菩薩。**位果報**，是三賢十聖位住的實報莊嚴土。實報莊嚴土雖然也是淨土，但是比佛住的常寂光淨土還差一點，所以說只有佛一個人是住真淨土，真淨土就是常寂光土。）是說佛土的清淨。身也淨，土也淨，所以稱做**普淨**。

南無多摩羅跋旃檀香佛

多摩羅跋是一座山的名稱。（多摩羅跋是梵語，翻譯成中文是離垢兩個字，就是離開一切垢穢的意思。）**旃檀**是一種香的名稱，（旃檀是梵語，翻譯成中文，是與藥兩個字，就是可以把他當做藥醫治病的意思。）這種香的形狀像牛頭，所以叫牛頭旃檀。華嚴經上說：摩羅耶山出旃檀香，（就是多摩羅跋山。）名曰牛頭，若以塗身，（是說若用這種香塗在身上。）設入火坑，（是說倘若到火坑裏去。）火不能燒。這種香有這樣大的用處，所以拿來比喻佛破盡一切的惑，證得一切種智，就是現身在三界的火宅裏，也能夠不被那一切的煩惱火燒著，所以稱做**多摩羅跋旃檀香**。

南無旃檀光佛

這一尊佛在修菩薩道的時候，專門修念佛三昧、香光莊嚴的法門，（楞嚴經上說：若眾生心憶佛、念佛，現前當來，必定見佛，如染香人，身有香氣，此則名曰香光莊嚴。這幾句的意思是說，眾生的心若是能夠常常想佛、念佛，那就不論現在或是將來，一定能夠見到佛，像染著香的人，身體上一定有香氣，這叫做**香光莊嚴**。一面在念佛，一面能夠常常一心想佛，這種念法，就叫香光莊嚴法門。）所以成了佛，就得到這個名號。

南無摩尼幢佛

摩尼就是如意寶珠，能夠生出種種寶來。**摩尼幢**就是用摩尼寶珠來結成的幢，是譬喻佛說種種法門，流出種種的法寶來莊嚴一切眾生心地的意思。

南無歡喜藏摩尼寶積佛

ㄋㄚˊ ㄇㄛˊ ㄏㄨㄢ ㄒㄧˇ ㄗㄤˋ ㄇㄛˊ ㄋㄧˊ ㄅㄠˇ ㄐㄧ ㄈㄛˊ

法華經上說：方便說諸法，皆令得歡喜。（這兩句的意思是說，用種種的方便，開示一切法門，使聽法的眾生都能夠生出歡喜心來。）**藏**字是庫藏，庫藏裏面收藏一切寶貝東西。佛是一切法寶的庫藏，所以稱**歡喜藏**。積字就是聚攏來，**摩尼寶**是寶貴的珠，再加上一個積字，是說積聚了許多的寶珠，這都是稱讚佛的意思。

南無一切世間樂見上大精進佛

ㄋㄚˊ ㄇㄛˊ ㄧ ㄑㄧㄝˋ ㄕˋ ㄐㄧㄢ ㄌㄜˋ ㄐㄧㄢˋ ㄕㄤˋ ㄉㄚˋ ㄐㄧㄥ ㄐㄧㄣˋ ㄈㄛˊ

一切世間是通指法界眾生說的。**樂**字就是喜歡的意思，**樂見**兩個字，是說喜歡看見這一尊佛。**上大精進**就是勇猛精進到極頂的意思。

南無摩尼幢燈光佛

摩尼幢是用摩尼寶珠結成的幢。**燈光**上加摩尼幢三個字，是說燈光的明亮，是取破除眾生癡暗的意思。

南無慧炬照佛

炬是指火把，佛的智慧光，像火把那樣明亮，可以周遍照耀一切法界，所以稱做**慧炬照**。

南無海德光明佛

佛的功德深遠廣大，不可以測量。佛的光明也是這樣無窮無盡，所以把**海**來比喻佛的功**德**光**明**。

南無金剛牢強普散金光佛

金剛是譬喻佛的智慧，**牢強**是堅固的意思。**普散金光**，是說佛的金剛智慧光周遍散開來，一切世界都能夠照得到。

南無大強精進勇猛佛

佛有不可思議的大威德力，所以稱做**大強**。（強字，是有大力量的意思。）說法度眾生，沒有厭倦的心，所以稱做**精進**；能夠降伏天魔外道，所以稱做**勇猛**。

南無大悲光佛
ㄋㄚˊ ㄇㄛˊ ㄉㄚˋ ㄅㄟ ㄍㄨㄤ ㄈㄛˊ

佛的悲心無量，（悲心，就是救度苦惱眾生的心。）所以稱做圓滿**大悲光**字，是取遍照一切眾生的意思。

南無慈力王佛

佛看待一切眾生，都像是自己的兒子，能夠真實的給他們受著無上的快樂，所以稱做**慈力**，佛的慈力勝過一切大菩薩，所以稱做**慈力王**。

南(ㄋㄚˊ)無(ㄇㄛˊ)慈(ㄘˊ)藏(ㄗㄤˋ)佛(ㄈㄛˊ)

法華經上說：如來有無量**智慧力**、**無所畏**諸法之藏。（**智慧力**，是佛的十種力：

第一、是**知覺處**、**非處智力**。處，就是道理的意思，佛能夠曉得是道理、不是道理的智力。

第二、是**知三世業報智力**，就是佛能夠曉得一切眾生過去、現在、未來三世業報的智力。

第三、是**知諸禪解脫三昧智力**，就是佛能夠曉得各種禪定、八種解脫、三種三昧的智力。

第四、是**知眾生諸根上下相智力**，就是眾生有上等利根的人，也有下等鈍根的人，佛都能夠曉得他們相的智力。

第五、是**知他衆生種種欲智力**，就是一切眾生種種的貪慾，佛都能夠曉得的智力。

第六、是**知世間種種無數　智力**，就是世界上眾生的種種性，沒有數目可以計算，並且種種的性各個不同，佛能夠完全曉得的智力。

第七、是**知一切道至處相智力**，像修五戒、十善，能夠生在人道、天道。修八正道等無漏法，能夠證涅槃，佛能夠曉得修什麼道，成什麼相的智力。

第八、是**知宿命共相共因緣智力**，佛能夠曉得沒有成佛前的百千世劫，自己在眾生裏是什麼姓名、境界、苦樂、壽命長短的智力。

第九，是**知天眼無礙智力**，佛用天眼來看眾生生和死的時候的相，是端正的或是醜陋的，死的生善道或是墮惡道，都能夠完全看見，沒有一些阻礙的智力。

第十、是**知永斷習氣智力**，佛已經得到無漏智慧解脫，對那一切妄念迷惑的種種習氣能夠永遠斷絕的智力。

無所畏，就是佛向大眾說的四種無所畏法。

第一、是**一切智無所畏**，佛說我是一切正智的人，沒有一些些懼怕的心。

第二、是**漏盡無所畏**，佛說我已經斷盡一切煩惱，沒有一些懼怕的心。

第三、是**說障道無所畏**，佛說惑業等種種障礙佛道的法，沒有一些懼怕的心。

第四、是**說盡苦道無所畏**，佛說各種受苦的道，像畜生道、餓鬼道、地獄道等，完全都說出來，沒有一些懼怕的心。

佛和菩薩，都有四種無所畏，不過有高下、深淺的不同，這裏所說的四無所畏，是佛的無所畏。

八解脫：

第一、是**內有色想觀外色解脫**，意思是心裏有色和想的那種貪慾，要除滅這種貪慾心，就要看身外的種種不潔淨，那就覺得沒有什麼可貪了，這種貪慾心也就自然不起，所以叫解脫。

第二、是**內無色想觀外色解脫**，心裏雖然已經不起色和想的那種貪慾，但是要使這種不起的心更加堅固，還要看身外的種種不潔淨，那麼，這種貪慾，才可以永遠不起，所以叫解脫。

第三、是**淨解脫身作證具足住**，不看污穢的色，只看清淨的色，所以叫淨解脫，在用定功的時候，完全除滅不淨的相，只見到光明清淨的色，看見這種淨色，也不起貪慾的心，那麼，這個身體就證得性解脫了，所以叫身作證。這種解脫，具足圓滿，能夠常住在定上，所以叫具足住。

第四、是**空無邊處解脫**。

第五、是**識無邊處解脫**。

第六、是**無所有處解脫**。

第七、是**非想非非想處解脫**——這四種解脫，各個在所得的定上觀照苦、空、無常、無我，覺得這種有生死的世界實在可厭，一定要捨棄他，所以都叫做解脫。

第八、是**滅受、想、定身作證具住**。受心所和想心所都滅除它，不放它起來，這種定功，就叫滅受想定。具住和具足住一樣的意思。

三種**三昧**：

第一、是**空三昧**。觀察諸法，都是從因緣生出來的，也沒有我，也沒有什麼是我所有的，所以叫空。

第二、是**無相三昧**。要證到涅槃，一定要離色、聲、香、味、觸、男、女、生、異、滅十種相。修涅槃，是用無相來做緣的，所以叫無相三昧。

第三、是**無願三昧**，也叫**無作三昧**。在諸法裏的苦、無常等，沒有人願意不捨棄的，沒有人願意去造作的，所以叫無願三昧。

八正道，在阿彌陀經白話解釋 面彼國常有種種奇妙雜色之鳥一節底下有詳細解釋。

性解脫，是說心識完全離開一切定功的障礙，能夠入滅盡定，叫做性解脫。

生異滅，就是**生**、**住**、**異**、**滅**四相除去住相，這四種相是有為法，就是世界生滅無常的法。不論什麼法，先總是生。等到已經生了，還沒有滅，在那暫時停住的時候，叫住。但是又不會常住，忽然又要改變了，在這改變的時候，叫異——究竟還是歸到滅的一條路上去，能與一切眾生大乘之法。與字，是給他的意思。這兩句經文的意思，是說佛有種種的法，多得像庫藏一樣，都是用來化導眾生的。所以要化導眾生，就是佛哀憐眾生的慈悲心，**慈藏**兩個字就是這種意思。

南無旃檀窟莊嚴勝佛

窟，就是空的洞。佛身上的八萬四千毛孔裏，都流出旃檀的香氣來，周遍熏到一切的法界，用這種功德香，（**功德香**有五種：第一、是戒香。第二、是定香。第三、是慧香。第四、是解脫香。第五、是解脫知見香。這五種香，能夠顯出法身來，所以也叫做五分法身香，在阿彌陀經白話解釋裏面上方世界一節底下有詳細解釋。）莊嚴自己的法身，所以立這個名號。佛這個身體，像安放旃檀香的洞一樣，所以叫**旃檀窟**，就是說香得不得了的意思。

南ㄋㄚˊ無ㄇㄛˊ賢ㄒㄧㄢˊ善ㄕㄢˋ首ㄕㄡˇ佛ㄈㄛˊ

講起**賢**德和**善**行來，都沒有能夠比過佛的。**首**就是頭，在身體上是最高的地位，沒有比首再高的東西了。用一個首字，就是說佛的賢德善行，沒有比佛再高的了。

南無善意佛

ㄋㄚˊ ㄇㄛˊ ㄕㄢˋ ㄧˋ ㄈㄛˊ

一切的善行，只有慈悲心最是第一，十六觀經上說：佛心者，大慈悲是。

佛的心，完全是一種大慈大悲，所以稱做**善意**。

南無廣莊嚴王佛

世間的人王、天王，（人王，是人間的王。天王，是天上的王。）靠了前生修福的果報，也有一分微細的莊嚴相，但是比起大法**王**的**莊嚴**相，（大法王就是佛。）那就天差地遠了，就是諸大菩薩的莊嚴相也還比不上佛，在莊嚴上再加上一個廣大的**廣**字，那就更加只有佛可以稱了。

南無金華光佛

金字是譬喻清淨的性德，（性德，是本性裏本來有的德。）**華**字是譬喻清淨的修德，（修德，是用功修來的德。）從清淨性上發起清淨修的妙用來，就從清淨修上顯出清淨性的本體來，楞嚴經上說淨極光通達，（通達，是說光可以通到各處，都照到的意思。）就是清淨極了。這種發出來的光，寶貴得很，燦爛得很，可以遍照各處，所以稱**金華光**。

南無寶蓋照空自在力王佛

ㄋㄚˊ ㄇㄛˊ ㄅㄠˇ ㄍㄞˋ ㄓㄠˋ ㄎㄨㄥ ㄗˋ ㄗㄞˋ ㄌㄧˋ ㄨㄤˊ ㄈㄛˊ

佛用大慈大悲心普度一切眾生，像是拿**寶蓋**掛在虛空裏，光明遍照的樣子。**自在力王**四個字，就是法華經上說的我為法王，於法自在兩句，意思是說，我是法王，不論對了什麼法，都能夠解脫自在，沒有一些束縛的。

南無虛空寶華光佛

金光明經上說：**佛眞法身，猶如虛空**。**虛空**兩個字，是表顯佛的**法身**。就是說佛的法身是無量無邊，和虛空一樣的。**寶華**兩個字，是表顯佛的**報身**。就是說佛有這樣好的報身，還是在做法藏比丘的時候發了大願修成的。從報身上化出無數**應身**來，像是從寶華上發出種種的光來一樣，這一個名號，就完全表顯佛的三身了。

南無琉璃莊嚴王佛

琉璃是一種青色的寶，這種寶很堅固，不論什麼東西都不能夠破壞它，就是用火來燒也燒不壞，譬喻佛的真身常住不滅。**莊嚴**有兩種：一種是福德莊嚴，一種是智慧莊嚴，佛稱做**兩足尊**，就是說這兩種莊嚴都是滿足的，所以稱**莊嚴王**。

南無普現色身光佛
（ㄋㄚˊ ㄇㄛˊ ㄆㄨˇ ㄒㄧㄢˋ ㄙㄜˋ ㄕㄣ ㄍㄨㄤ ㄈㄛˊ）

佛應眾生的機，或是現身說法，或是放出光來照他們，像是天上的月影周遍照到一切水裏，只要和佛有緣，都能夠看見，這就叫**普**門示**現**，意思就是普遍地顯現出來。

南無不動智光佛

佛的根本智，寂靜**不動**的。在這寂靜裏，卻是自然有一種遍照法界的妙用，這就是不變隨緣的道理。（不變隨緣，在佛法大意裏面解釋過。）

南無降伏眾魔王佛

ㄋㄚˊ ㄇㄛˊ ㄒㄧㄤˊ ㄈㄨˊ ㄓㄨㄥˋ ㄇㄛˊ ㄨㄤˊ ㄈㄛˊ

照大論上說，魔有四種：煩惱魔、五眾魔、（五眾，就是五陰。）死魔、天子魔。（也叫做天魔。）罵意經上說（罵意經，是一部佛經的名稱。）有五魔：一、**天魔**。二、**罪魔**。三、**行魔**。四、**惱魔**。五、**死魔**。現在說眾魔王，那是所有一切的惡魔都包括在裏面了。佛坐道場的時候，總是先降伏魔王。（降字，就是不倔強，屈服的意思。）

南無才光明佛

ㄋㄚˊ ㄇㄛˊ ㄘㄞˊ ㄍㄨㄤ ㄇㄧㄥˊ ㄈㄛˊ

這個**才**字就是無礙辯才，無礙辯才是說口才好。佛說起法來，沒有人能夠說得過佛，也沒有人能夠辯得過佛，能夠使人聽了明白，聽了喜歡，聽了得利益，沒有一些障礙。用無礙辯才，顯出無量無邊的智慧光明來，照破一切眾生的愚癡昏暗。

南無智慧勝佛

沒有出三界的凡夫，一切的惑絲毫也沒有破，叫做沒有智慧。二乘但破一種見思惑，只算得有些小智慧罷了。菩薩破了塵沙惑，還要一分一分的破無明惑，比起二乘的智慧，雖然勝得多了，但是無明沒有破盡，就是智慧沒有滿足，直要無明惑完全破盡，證得佛的一切種智，才可以說是智慧勝。**智慧勝**就是智慧超勝，沒有人能夠勝過的意思。

南無彌勒仙光佛

彌勒仙光四個字的意思，（彌勒是梵語，翻譯成中文是慈氏兩個字。）是說佛的大慈悲心發出來的光，能夠普遍照到一切法界，光字上面加一個仙字，是稱讚光的特別明亮。

南無善寂月音妙尊智王佛

ㄋㄚˊ ㄇㄛˊ ㄕㄢˋ ㄐㄧˋ ㄩㄝˋ ㄧㄣ ㄇㄧㄠˋ ㄗㄨㄣ ㄓˋ ㄨㄤˊ ㄈㄛˊ

佛證的境界叫做**寂光眞境**。（**寂**，是寂然不動的意思。**光**，是徧照一切的意思。）寂裏面有光，所以本體不變動，能夠隨眾生的機緣現相。光仍舊是寂，所以雖然隨緣現相，本體還是沒有變動，這叫做**善寂**。不是像二乘的一味空寂，（不能夠善寂，就叫空寂。）空寂就成了枯寂，沒有照的妙用，所以不能稱善寂。**月音**的**月**字，是取圓滿的意思，佛用一種音說法，一切眾生聽了都能明白，這叫做**圓滿音**。佛的一切種智神**妙**不測，最**尊**、最上，所以稱做**妙尊智王**。

南無世淨光佛

佛的大智慧光能夠使一切世間都清淨莊嚴，所以稱**世淨光**。

南無龍種上尊王佛

龍字是譬喻佛的，本行集經上，（本行集經，是一部佛經的名稱。），稱佛是龍。涅槃經上，稱佛是人中龍王。龍是眾生裏最大、最靈、最神妙、最會變化的一種動物，能夠現大的形相，也能夠現小的形相，所以稱做各種水族的王。佛是人裏最上、最尊的，所以拿水族裏最上、最尊的龍來比喻。佛又是最尊無上的大法王，所以稱做**上尊王**。

南無日月光佛

日光不論遠近，可以同一個時候各處都照到，譬喻佛的實智。（實智，是真性裏面的真實智慧，能夠生出一切功德悲心的根本，所以也叫做無上菩提的根本智。）**月光**隱顯不定，（隱，是看不見，月光要到每月的初三，才有一些，過了二十三日，又見不到了，不像日光，只要不下雨，沒有雲遮蓋，就天天見得到，所以說隱顯不定。）隨著時候顯現的，譬喻佛的**權智**。（權智，就是相機說法的方便智。）

南無日月珠光佛

日光是很明淨的，譬喻佛的道種智。**月光**是很清涼的，譬喻佛的一切智。**珠光**是很圓妙的，譬喻佛的一切種智。三種智慧光，只有佛是完全具足的。（三種智，在下面須彌光佛底下和佛法大意裏面，都有解釋。）

南無慧幢勝王佛

ㄋㄚˊ ㄇㄛˊ ㄏㄨㄟˋ ㄔㄨㄤˊ ㄕㄥˋ ㄨㄤˊ ㄈㄛˊ

幢是供在佛面前的一種莊嚴品，像繡華的傘蓋差不多，加一個**慧**字，是比喻佛的智慧比一切眾生都高，可以莊嚴一切的法界，又是勝過一切的人王、天王，自在無礙的，所以稱做勝王。

南無師子吼自在力王佛

佛的說法稱做**師子吼**。吼就是叫，獅子是萬獸之王，聲音又大又猛，所以，只有獅子的叫稱做吼。獅子叫一聲，各種野獸都嚇得伏住不敢動，譬喻佛說起法來，聲音又高又遠，各處都聽得到，凡是聽法的眾生，也都靜心聽一樣。法華經上說：如來一切自在神力。（自在，就是自由自在的意思。）又說：我為法王，於法自在。所以佛稱**自在力王**。

南(ㄋㄚˊ)無(ㄇㄛˊ)妙(ㄇㄧㄠˋ)音(ㄧㄣ)勝(ㄕㄥˋ)佛(ㄈㄛˊ)

妙音是讚佛聲音的微妙。**勝**字是勝過九法界的意思。華嚴經上說：一切世界妙音聲，悉無能及如來音。一音遠振遍十方，是大勝音妙法門。這四句的意思是說，所有一切世界上好聽的聲音都不及如來的妙音，如來的妙音，可以振十方世界，音聲一發動了，所有十方世界，不論遠近，都可以聽到，所以叫**勝音**。這四句偈，就是這佛號的意思。

南無常光幢佛

佛開示種種的法門叫**建法幢**，（建字，是豎立起來的意思。）用這個法幢來表顯一切眾生自己的心性本來具足智慧**光**明，**常**住不變的。

南無觀世燈佛

用佛的無上智慧，觀照世間法和出世間法、一切法的真實相，像是暗的地方點了燈，沒有看不見的東西，不但是照破自己一切的暗相，也能夠照破法界眾生一切的暗相，所以佛稱**世**間**燈**。普賢行願品上所說的所有十方世間燈，就是稱讚佛的。

南無慧威燈王佛

諸佛說法度眾生，對那心性柔軟的人，用智慧的光明力來攝受他。對那心剛強的人，用威德的光明力來折服他。那種智**慧**的光、**威**德的光，都是照破眾生的愚癡昏暗，所以用**燈**來做譬喻。

南無法勝王佛

一切的法，只有佛**法**是最**勝**。法華經上說：如來三界中為大法王。這一句的意思是說，佛是三界裏的大法王，這個大字是包含**大**、**多**、**勝**三種意思，（大、多、勝，在朝課大佛頂首楞嚴神咒底下有詳細解釋。）那麼，法勝王也就是大法王了。

南無須彌光佛

須彌山的全體，（須彌山，在佛法大意裏解釋得很詳細。）是四種寶合成功的，所以能夠發光，譬喻佛的身體完全是四種智的光明相。（四種智：第一是**大圓鏡智**。佛觀照法界一切的事相理性，沒有一些不明白，像一面大鏡子，不論什麼色相都照得到，又叫一切種智，說這種智就是佛一切功德的根本。第二是**平等性智**。佛對待九法界眾生，都是平等的，都是用大悲心的，沒有絲毫分別心，這是佛的本性。第三是**妙觀察智**。佛用微妙心來觀察諸法的相，說種種的法，使得九法界眾生斷除疑惑。第四是**成所作智**。佛利益一切凡夫和二乘，用這種智來使他們能夠成就種種事情。這裏解釋的四智，和佛法大意裏面的解釋有些不相同，這是因為佛的智高得很、多得很，兩種解釋都可以說。）

南無須曼那華光佛

ㄋㄚˊ ㄇㄛˊ ㄒㄩ ㄇㄢˋ ㄋㄚˋ ㄏㄨㄚˊ ㄍㄨㄤ ㄈㄛˊ

須曼那，（**須曼那**是梵語，翻譯成中文是稱意兩個字，就是稱心，是說稱任何人的心意。）是一種華的名稱，這種華的光相有黃、白兩種顏色，而且很香，沒有人不歡喜，所以叫做**稱意**，譬喻佛應眾生的機放光說法，能夠使大眾都生歡喜心。

南無優曇鉢羅華殊勝王佛

優曇鉢羅，（**優曇鉢羅**是梵語，翻譯成中文，是祥瑞兩個字，意思就是這種華開了，就會有祥瑞出現。）也是一種華的名稱，這種華不是常常有的，照般泥洹經上的說法，（般泥洹，是一部佛經的名稱。）若是優曇鉢羅樹上開了金色的華，那麼世界上就要有佛出現了。照施設論上的說法，（施設論，是一部講佛法的書名。）若是閻浮提出了轉輪王，方才有這種華生出來。這種華是有祥瑞的事情快要出現的時候，才會生出來，所以也叫**瑞應**。（瑞應，就是有祥瑞來應驗的意思。）**殊**字是不同尋常的意思，**勝**字是超過一切的意思，**王**字是尊貴無比的意思。這個名號，是拿這種寶華來比喻讚嘆佛的功德，就是很難得有的意思。

南無大慧力王佛（ㄋㄚˊ ㄇㄛˊ ㄉㄚˋ ㄏㄨㄟˋ ㄌㄧˋ ㄨㄤˊ ㄈㄛˊ）

修行人要破除迷惑，必須靠智慧的力量，佛把所有一切的**見思惑**、**塵沙惑**、**無明惑**（這三種惑，在佛法大意 面有詳細解釋。）完全都破得淨盡，才可以稱是大智慧力的法王，這一尊佛的德號，和前面智慧勝佛差不多的意思。

南無阿閦毗歡喜光佛

ㄋㄚˊ ㄇㄛˊ ㄚ ㄔㄨˋ ㄆㄧˊ ㄏㄨㄢ ㄒㄧˇ ㄍㄨㄤ ㄈㄛˊ

佛證的真如法身本來是不變動的，隨順眾生的機緣，現出無量應化身的光相來演說種種的妙法，使得大家都生歡喜心，這就叫**不變隨緣**。雖然隨順眾生的機緣現身說法，但是佛的根本智其實並沒有變動，這就叫**隨緣不變**。佛號稱**阿閦毗**，（**阿閦毗**是梵語，翻譯成中文，就是不動兩個字。）就是不變動的意思。佛能夠隨順眾生，使得眾生都歡喜，又能夠現出種種的光相來，所以又稱**歡喜光佛**。

南無無量音聲王佛

ㄋㄚˊ ㄇㄛˊ ㄨˊ ㄌㄧㄤˋ ㄧㄣ ㄕㄥ ㄨㄤˊ ㄈㄛˊ

維摩經上說：佛以一音演說法，眾生隨類各得解。這兩句的意思是說，佛的說法只是一種聲音，各類眾生聽了自然都能夠明白。佛雖然只說一種音聲，自然能夠化出無量種類的聲音來，所以稱**無量音聲王**。

南無才光佛

一切諸佛化度眾生用的兩種法，一種是無礙辯**才**，說種種的妙法化度他們。一種是放種種的**光**照著他們的身體，使得他們心裏自然能夠覺悟。

南無金海光佛

金是堅固不壞的，表顯心性的體。**海**是廣大無邊的，表顯心性的相。**光**是自在無礙的，表顯心性的用。用這三個字做佛號，**體**、**相**、**用**完全具足了。

南無山海慧自在通王佛

山字是譬喻佛智慧的高大。**海**字是譬喻佛智慧的深遠。佛用這高大深遠的智慧照一切法，所以能夠融通無礙，得大**自在**。

南無大通光佛

大字是顯的**法身德**，法身不論什麼都包含在裏面，所以說是大。**通**字是顯的**解脫德**，解脫就沒有障礙，所以說是通。**光**字是顯的**般若德**，般若能夠照破癡暗，所以說是光。用這三個字做佛號，是三**德**完全具足。

南無一切法常滿王佛

一切法的體性就是真如性，所以一切的法都是**常**住的，都是圓**滿**的，完全證得這種道理，才可以稱做法王。從普光佛起，一直到這一尊佛，總共五十三尊佛的名號，出在觀藥王藥上二菩薩經上。（觀藥王藥上二菩薩經，是一部佛經的名稱。）照經裏面說起來，聽到了這五十三佛的名號，就能夠百千萬億阿僧祇劫不墮落到惡道裏去。能夠念這五十三佛的人，生生世世常常可以見到佛。能夠恭敬禮拜這五十三佛的人，所有五逆十惡種種重罪，一齊都可以消滅。過去**莊嚴劫**的一千尊佛，現在**賢劫**的一千尊佛，未來**星宿劫**的一千尊佛，這三千尊佛都是因為稱揚讚嘆、恭敬禮拜這五十三佛，所以能夠早成佛道。可見得稱念、禮拜這五十三佛的功德，實在是不可思議。

南無釋迦牟尼佛（ㄋㄚˊ ㄇㄛˊ ㄕˋ ㄐㄧㄚ ㄇㄡˊ ㄋㄧˊ ㄈㄛˊ）

釋迦牟尼是梵語，翻譯成中文，**釋迦**是能仁兩個字，就是能夠大慈大悲普度一切眾生，不取涅槃的意思。**牟尼**是寂默兩個字。寂是無相，金剛經上說：離一切諸相，即名諸佛。這兩句的意思是說，能夠離一切相的人就叫是佛，就是這寂字的道理。默是無說，經上常常說到，佛說法四十九年，其實沒有說一句法。金剛經上說：如來無所說。是說佛沒有說什麼法，就是這默字的道理。寂默是智慧合著真理**不住生死**的意思。（不住生死，就是不著生死的相。釋迦牟尼四個字的意義，在阿彌陀經白話解釋裏面佛說阿彌陀經一句底下還有解釋，可以看看。）

南無金剛不壞佛

佛身是智慧光的相，堅固不壞的。寶積經上說，（寶積經，是一部佛經的名稱。）如來的身是**金剛**的身、**不壞**的身、堅固的身。所以讚嘆佛身，總說是**金剛不壞**身。

南無寶光佛

寶字是尊貴的意思。華嚴經上說：一切世間諸光明，不及佛身一毛光。這兩句的意思是說一切世界上的種種光明都不及佛身上一根毫毛的光，所以佛光稱做**寶光**。

南無龍尊王佛

ㄋㄚˊ ㄇㄛˊ ㄌㄨㄥˊ ㄗㄨㄣ ㄨㄤˊ ㄈㄛˊ

龍是眾生裏最有神通變化的，是一切水族眾生的王，所以水族的眾生都尊敬龍，譬喻九法界都尊敬佛一樣。佛有種種的神通自在，所以稱一切世間最**尊**無上的大法**王**。

南無精進軍佛

精進，是勇猛前進的意思。世間的勇將，哪怕是專門打勝仗的人，稱做常勝軍的，也不能夠把所有的怨賊（怨賊，是說同我有怨仇的賊，要害我的。）完全都殺盡。況且只能殺那有形的怨賊，不能殺那無形的怨賊，（無形的怨賊，就是無明。）到碰著無常鬼，終究不免要被他活捉去。三乘的聖人，雖然能夠殺無形的怨賊，（這是說粗相的無明。）但是無明沒有破盡，總還有這法身的怨賊，（法身的怨賊，就是微細的無明。）只有佛把所有一切的惑完全都破盡，再也沒有一絲一毫的怨賊，所以佛稱做大雄大力大法將，（大雄，就是大英雄。大法將，就是有大法力的將軍。）就是這**精進軍**三個字的意思。

南無精進喜佛

ㄋㄚˊ ㄇㄛˊ ㄐㄧㄥ ㄐㄧㄣˋ ㄒㄧˇ ㄈㄛˊ

功德圓滿，證到了佛的地位，這是自利一邊的大歡喜。隨機說法，化度一切的眾生，這是利他一邊的大歡喜。兩種大歡**喜**都是從三大阿僧祇劫勇猛**精進**的修行上得來的，所以稱做**精進喜**。

南無寶火佛

ㄋㄚˊ ㄇㄛˊ ㄅㄠˇ ㄏㄨㄛˇ ㄈㄛˊ

智慧稱做**寶**，是取清淨無垢的意思。稱做**火**，是取光明遍照的意思。佛證得了無上智慧，所以稱是**寶火**。

南無寶月光佛

月光是很清涼的，照著人，都覺得很爽快。諸佛菩提智寶的光照著眾生，能夠使眾生身心快樂，比那清涼的月光更加覺得受用，所以稱做**寶月光**。

南無現無愚佛

解深密經上說：（解深密經，是一部佛經的名稱。）十地菩薩總共有二十二種愚癡，每進一地斷二種愚癡，一直證到等覺菩薩，還有二種極微細的愚癡，要把這二種極微細愚癡斷盡，那就現出一些愚癡都沒有的相，當完全現出大菩提的相，就證到佛位了。（所說的二十二**種愚癡**，在解深密經裏面講得很詳細，因為講起來太複雜，和懺悔文也沒有什麼大關係，所以不詳細提出。）

南無寶月佛

寶字是讚嘆佛德，佛德就是佛寶。**月**字是比喻顯佛身，因為佛身光明無量，所以稱做**佛月**。（金光明經上說：是故我今稽首佛月。）月的體性是虛空性，譬喻佛的法身。清淨光明，圓滿常照，譬喻佛的報身。月影現在一切的水裏，譬喻佛的應化身。

南無無垢佛

ㄋㄚˊ ㄇㄛˊ ㄨˊ ㄍㄡˋ ㄈㄛˊ

佛證得清淨法身，就是一切眾生的自性清淨心，心體裏面，本來是清清淨淨，沒有一絲一毫**垢**穢的。

南無離垢佛

ㄋㄚˊ ㄇㄛˊ ㄌㄧˊ ㄍㄡˋ ㄈㄛˊ

一切的垢穢相都是從一**念不覺**上生出來的，（一念不覺，就是迷惑，就是有了妄想的心。）這一念的不覺叫**根本無明**，佛把這根本無明完全破去，所有**智德**、**斷德**兩種的德相（智德，能夠破一切的愚癡。斷德，能夠斷一切的煩惱。）都圓滿證足了，所以能夠永遠**離**開那一切垢穢的相。

南無勇施佛 ㄋㄚˊ ㄇㄛˊ ㄩㄥˇ ㄕ ㄈㄛˊ

施就是布施。**財施**、**法施**、**無畏施**三種的布施功德（在朝課裏面，佛母準提神咒底下詳細講過。）都勇猛精進，一齊都做完全，沒有一些退縮的心，才可以說是勇施。

南無清淨佛

佛用**清淨**智證得中道第一義諦，所以依報、正報都是完全清淨的。仁王經上說唯佛一人住淨土，意思是說依報的清淨。法華經上說清淨光明身，意思是說正報的清淨。正報、依報都清淨，所以稱**清淨佛**。

南無清淨施佛

心地觀經上說（心地觀經，是一部佛經的名稱。）三輪清淨是檀那，（檀那是梵語，翻譯成中文就是布施兩個字。）能夠布施的我，受布施的人和那所布施的東西，叫做**三輪**，不著這三種的相，（不著三種相就是：一、沒有我做了布施的好事之心。二、沒有旁人受了我布施的恩惠之心。三、沒有我拿出東西來布施的心。）叫做**三輪清淨**。金剛經上說：菩薩於法，應無所住，行於布施。（住，是著相的意思。）就是說不著相的布施，就是清淨的意思。菩薩的法布施，尚且是這樣清淨的，何況是佛呢？

南無婆留那佛
(ㄋㄚˊ ㄇㄛˊ ㄙㄨㄛ ㄌㄡˊ ㄋㄚˋ ㄈㄛˊ)

婆留那是天上一種吃了不死的藥，（婆留那是梵語，翻譯成中文就是**甘露水**。）佛經上往往把甘露譬喻涅槃妙法。金光明經上說：開甘露門，示甘露器，入甘露城，處甘露室，令諸眾生食甘露味。（開門，譬喻說法。示器，譬喻勸修。入城，譬喻見道。處室，譬喻證理。食味，譬喻得到涅槃的大受用。）所說的甘露，其實就是涅槃的替代名字。

從前在北魏時，（北魏，在從前六朝，北方有一個國叫北魏。）有一個曇鸞法師喜歡長生，受了一位仙人名字叫陶宏景的仙經十卷，就想修仙了。後來見著了印度來的一位高僧名叫菩提流支，曇鸞問他：佛有長生不死的妙法嗎？流支笑道：長生不死，就是佛的道理。除了佛法，再也沒有能夠長生不死的了！就把十六觀經送給曇鸞，說道：照這個法門去修，永遠不會再在三界、六道裏受生了，壽命的長久，哪怕你拿恆河沙的劫數來比，還比不上哩！曇鸞受了這十六觀經，就把那仙經燒了，一心地專修淨業，後來果真往生到極樂世界去了，這是有確實證據的。可見得長生不死，實在是只有佛道了。

南ㄋㄚˊ無ㄇㄛˊ水ㄕㄨㄟˇ天ㄊㄧㄢ佛ㄈㄛˊ

水的性是流動的，譬喻眾生。**天**的體是明淨的，拿來譬喻諸佛。照俗諦說，諸佛和眾生，高下不相同，好比天淵相隔。（淵，就是河。天和地上的河，隔得很遠。這一句的意思是說，佛和眾生，高下相隔得很遠。）照真諦說，諸佛和眾生是平等的，沒有高下的，好比是水天一色。（這一句是說，水和天是一樣顏色，意思就是說，佛和眾生是一樣的，沒有分別的。）一色的水天，不妨相隔，相隔的天淵，可以一色，真俗融通，就是中道第一義諦。證得這三諦的道理，就是佛了。

還有一種說法，水天是龍神的名稱，因為龍在水裏能夠有天的自在作用，佛稱人中的龍王，所以立這水天的德號。

南無堅德佛

菩提涅槃的德相，最是第一堅固法，佛證得了大菩提、大涅槃，所以稱做**堅德**。

南無旃檀功德佛

照大論上的說法，栴檀能夠治熱病，赤旃檀能夠除去風毒。譬喻佛證得滿足的**五分法身香**，（五分法身香，也可以叫**功德香**，在前面旃檀窟莊嚴勝佛底下講過）所以煩惱熱病、無明風毒一齊都消滅盡了。六祖說的，功德是在法身裏，那麼法身全顯就是功德圓滿了。

南無無量掬光佛

掬字是兩隻手捧東西的意思，平常說，把至誠的心對待人，叫做掬誠，就是拿出誠心來。現在所說的**掬光**，是放光現相，使有緣的眾生都能夠覺悟的意思。華嚴經上說：佛放無量大光明，一一光明無量佛，無數方便皆悉現，化度一切眾生類。這四句偈的意思是說，佛放出無量的大光明來，在一道一道的光現出無量的佛來，無數的方便法也完全都現出來化度一切的眾生，就是這個德號的意思。

南無光德佛

ㄋㄚˊ ㄇㄛˊ ㄍㄨㄤ ㄉㄜˊ ㄈㄛˊ

華嚴經裏面賢首菩薩品上說，（賢首菩薩品，是華嚴經各品裏面的一品。）**光**明有種種的名稱，各個不同，儘管名稱各不相同，不過都是表顯**德**用的。（德用，是德的功用。）就像那**無慳光**（慳字，是器量小的意思。無慳，就是不小器。）是表顯布施度的。**清涼光**是表顯持戒度的。**忍莊嚴光**是表顯忍辱度的。**轉勝光**是表顯精進度的。**寂靜光**是表顯禪定度的。**慧莊嚴光**是表顯智慧度的。可見得各種的光明都是從修行功德上生出來的，所以稱做**光德**。

南無無憂德佛

憂悲苦惱是十二因緣的生滅法，（十二因緣生滅法，在心經白話解釋裏面詳細講過。）佛證得了真如妙性，圓滿了**常樂我淨**的四種德，（常樂我淨，是佛的四種德：第一是常德，就是證得涅槃，常常不變，沒有生滅，所以叫做常。第二是樂德，證得涅槃，就能夠永遠寂滅、安閒、受用，沒有絲毫煩惱，所以叫做樂。第三是我德，眾生所說的我，不能自由，所以是假我。佛的我，得大自在，沒有一些束縛，是真我，方才可以稱做我。第四是淨德，所有一切的垢穢完全清淨，所以叫做淨。）自然再也不會有憂惱了。

南無那羅延佛

那羅延是梵語，翻譯成中文是堅固的意思，和首楞嚴三個字差不多，不過這兩種名詞都是包含許多意義在裏面的，（首楞嚴在朝課裏面南無楞嚴會上佛菩薩一句底下有詳細解釋。）能夠明白首楞嚴的意義，那羅延的意義也就會明白了。

南無功德華佛

佛身是種種**功德**莊嚴成的，功德滿足，法身自然顯現出來，像到了春天，各種的**華**自然一齊開放。

南無蓮華光遊戲神通佛

ㄋㄚˊ ㄇㄛˊ ㄌㄧㄢˊ ㄏㄨㄚˊ ㄍㄨㄤ ㄧㄡˊ ㄒㄧˋ ㄕㄣˊ ㄊㄨㄥ ㄈㄛˊ

蓮是清淨的本體，表顯佛的法身。**華**是莊嚴的妙相，表顯佛的報身。**光**是無礙的大用，表顯佛的應身。佛雖然有法身、報身、應身，但是這三身就是一身，（三身，是佛現的三種身相，其實佛也和人一樣，只有一個身體，所以說三身就是一身。）一身就是三身不動本位（因為三身就是一身，佛儘管現出三身來，但是佛原來的本身並沒有，所以叫**不動本位**。本位，是本來的位子，就是佛本來的身。）遍現十方世界，這就是佛的**遊戲神通**。

南無財功德佛

世間的財物，碰著水火、盜賊，就保守不住了，今世所有的一些也帶不到後世去，所以叫做不堅固財。依照佛法修種種功德叫做**積聚法財**，下了法財的種子在八識田裏，（所有世間法、出世間法的一切種子都收藏在第八識裏，碰到緣就會發生現行，像是田地一樣，放了種子下去，就會生出果來，所以叫做八識田。現行，是從種子生出來的法，譬如一粒穀——就是種子，用人工種入田裏。得到了日光、雨露的緣，就生出稻來了，這生出來的稻就叫發生的現行。）永遠不會失落的，這叫做堅固財。自己修行，是自利的**法財功德**。教化他人，是利他的**法財功德**，兩種功德都圓滿了，就成佛了。

南無德念佛

（ㄋㄚˊ ㄇㄛˊ ㄉㄜˊ ㄋㄧㄢˋ ㄈㄛˊ）

凡夫的念頭都是著相的，叫做妄念。佛證得了真空實相，一切的妄念完全沒有，真如心性上自然有一種遍照法界的妙用。楞嚴經上說：十方如來，憐**念**眾生，如母憶子。憐念，是哀憐他、紀念他的意思。佛的憐念眾生，有這樣大慈大悲的恩德，所以稱做**德念**。

南無善名稱功德佛

在因地上行菩薩道的時候，（因地，是種因的時候，就是修行種成佛的因的時候。）廣修六度萬行一切無漏的善法，（無漏，是真實的功德，像一個不破的瓶，放水下去不會漏掉。不真實的虛假功德靠不住，像把水放在破瓶裏，就會漏掉，叫有漏。）到了功德滿足，證得佛的果位，無上的大名稱就十方世界沒有聽不到的了，所以叫**善名稱**。

南ㄋㄚˊ無ㄇㄛˊ紅ㄏㄨㄥˊ燄ㄧㄢˋ帝ㄉㄧˋ幢ㄔㄨㄤˊ王ㄨㄤˊ佛ㄈㄛˊ

紅燄的**燄**字，梁皇懺本上（梁皇懺，是一部佛經的名稱。）作焰字，解釋是光。若是照燄字的解釋，那就是火光搖動的形狀。**紅燄帝幢**是天帝宮裏的赤珠寶幢，因為這寶幢是赤珠結成的，所有發出來的光全是紅色的珠光閃耀，像是火在行動，所以叫做**紅燄**。這是表顯佛德高大，智慧光明遍照一切法界的意思。

南無善游步功德佛

游步就是行走。佛行走的樣子像象一樣，一直向大路中間走去，不走斜路、小路的，所以說是**善游步**。如來舉足、下足的事情，（舉足，就是提起腳來。）一切諸大菩薩都不能夠曉得，佛的一舉一動，無非是稱性的功德，（稱性，就是依憑這個性、順這個性的意思。）所以立這個德號。

南無鬬戰勝佛

佛披了禪定的堅固鎧甲，（鎧甲，就是古代打仗穿的冑甲。）用智慧的鋒利刀劍，（鋒利，是很尖銳的，不是鈍的。）和一切外道邪魔鬬，沒有不勝過他們的。鎧甲是譬喻禪定的堅固。（堅固，是說禪定的功夫很深。）刀劍是譬喻智慧的鋒利。（鋒利，是說智慧的高妙。）

南無善游步佛

ㄋㄚˊ ㄇㄛˊ ㄕㄢˋ ㄧㄡˊ ㄅㄨˋ ㄈㄛˊ

佛的神足力，沒有來去相的，坐在一處道場裏，能夠周遍現身到十方微塵世界去普度一切有緣的眾生，這叫做**善游步**。

南無周匝莊嚴功德佛

ㄋㄚˊ ㄇㄛˊ ㄓㄡ ㄗㄚ ㄓㄨㄤ ㄧㄢˊ ㄍㄨㄥ ㄉㄜˊ ㄈㄛˊ

匝字本來是周圍的意思，**周匝**就是周遍的意思。佛的無上功德，周遍**莊嚴**一切的法界、普利一切眾生，永遠沒有窮盡。

南無寶華游步佛
ㄋㄚˊ ㄇㄛˊ ㄅㄠˇ ㄏㄨㄚ ㄧㄡˊ ㄅㄨˋ ㄈㄛˊ

佛的三十二相裏，有一種相叫**千輻輪**，（一個輪盤叫一輻。千輻輪，就是一千個輪盤。）是佛的足底下有許多輪盤形的好相，經上說：若欲行時，寶華承足。這兩句就是說，佛若是要舉足游行，自然有眾**寶**妙**華**托住佛的千輻輪足，往來十方沒有蹤跡可以尋找。

南無寶蓮華善住娑羅樹王佛

蓮華是最清淨的華，況且還是寶的蓮華，那是更加顯得本體的清淨了。用**寶蓮華**三個字，是因為蓮華雖然生在泥土裏，但仍舊不染污華的潔淨，所以借來表顯心性隨緣不變的道理。**善住**的**住**字，就是常住不變的意思，心性不生不滅、不垢不淨、不增不減，（這三句大略講講，是說心性沒有生，也沒有滅的相。沒有垢穢，也沒有清淨的分別。沒有什麼可以增加，也沒有什麼可以減少。若是要曉得詳細，可以請一本心經白話解釋來看看，就都可以明白了。）永遠是這樣的，所以稱做**善住**。娑羅樹很大，所以稱樹的王，（娑羅是梵語，翻譯成中文是堅固的兩個字。）佛現涅槃相的地方就是在**娑羅樹**底下，這**善住娑羅樹王**六個字，是表顯心性不變隨緣的道理。

從前面釋迦牟尼佛起，一直到這一句佛號，總共有三十五尊佛，都出在決定毗尼經上。（決定毗尼經，是一部佛經的名稱。）寶積經上說：一切眾生，若有五逆十惡萬劫不通懺悔者，（不通懺悔，就是不能夠懺悔。）應須頂禮三十五佛，至心懺悔，一切罪障即皆除滅。意思就是頂禮三十五佛，哪怕五逆十惡等種種不能夠懺悔的重罪，也都可以除滅。禮拜稱念這三十五佛，實在是有不可思議的大功德，因為能夠消滅一切極惡重罪，所以一定要至誠地禮拜稱念。

南無法界藏身阿彌陀佛

ㄋㄚˊ ㄇㄛˊ ㄈㄚˇ ㄐㄧㄝˋ ㄗㄤˋ ㄕㄣ ㄚ ㄇㄧˊ ㄊㄨㄛˊ ㄈㄛˊ

心性包含一切法界，稱做**法界藏**。十六觀經上說：諸佛如來，是法界身。照這兩句經說起來，一切佛的心性都是包藏一切法界的，那就不論那一尊佛都可以稱**法界藏身**。現在把禮拜稱念八十八佛的功德，回向極樂世界莊嚴淨土，求願往生，所以僅把這法界藏身四個字加在阿彌陀佛名號上，見得阿彌陀佛的法身其實包藏一切佛的法身，所以經上說，見了阿彌陀佛，就是十方一切諸佛都見到了。

念了八十八佛後，再加念阿彌陀佛，就和華嚴經最後普賢菩薩說十大願王回向求生極樂世界，是一樣歸結的意思。（阿彌陀佛的詳細事實，阿彌陀經白話解釋裏已經講過，所以這裏不多說了。）

如是等一切世界諸佛世尊，常住在世，是諸世尊，當慈念我。

這幾句是求佛慈悲哀憐懷念我們的意思。**如是**兩個字，是指上面所說的八十九佛。**等**字是總包括別的一切諸佛。有佛就有世界，所以說**一切世界諸佛世尊**。一切的佛，都是**常住**不滅的，就像本師釋迦牟尼佛，雖然說是在雙樹中間現涅槃的相，但其實一直到現在，還是在靈鷲山和諸大菩薩說種種妙法，並沒有真的入了涅槃。不過我們薄福的眾生自己沒有見佛的機緣，所以若是到印度去朝禮靈山，就只看見一座荒山，哪裏還看得到佛的形像、聽得到佛說法的聲音呢？（這是法華經上說的，不可以不相信。）

是諸世尊四個字，凡是一切世界的佛，都包括在裏面了。楞嚴經上說：十方諸佛，憐念眾生，如母憶子。（憶字就是懷念的意思，這幾句是說，十方一切的佛，都哀憐眾生的苦，都懷念一切的眾生，像母親懷念自己的兒子一樣，所以這樣多的佛，都慈悲憐念我們。）

● 若我此生、若我前生，從無始生死以來所作眾罪，若自作、若教他作、見作隨喜。

這幾句是總**發露今世**、前世所造一切的罪業。（自己把所造的罪業直說出來，一些也沒有隱瞞，叫做發露。凡是要懺悔，總要先發露自己所造的種種罪業。）意思是說：若是我這一世，或是我前幾世，（以下的各個若字，都是拿它做若是兩個字解釋的。）自從有了這生死的身體，一直到現在，在六道輪迴轉，不論在哪一道，都是生死的身體，捨了這個生死的身體，又得了那個生死的身體，一直是這樣，儘管推算到從前去，從前還有從前，永遠沒有開頭，所以叫做**無始生死**。在這無量無邊的生死 所造的種種罪業，不曉得有多少，所以說是眾罪。造罪的原因，總不出三種事情，一種是自己親身造的，叫做**自作**。（作，就是造。）一種是教旁人去造的，叫做教**他作**。一種是看見旁人造罪，不去阻止他，反倒跟他生歡喜的心，這個叫做**見作隨喜**。三種造罪的因，雖然也有輕重的分別，究竟都是罪業，都應該要發露的。

若塔、若僧、若四方僧物，若自取、若教他取、見取隨喜。

這幾句是分別發露今世、前世所造取三寶物的罪。（取字，就是俗語說的拿。三寶，就是佛、法、僧。凡是供養三寶的東西，若是拿來自己用，就叫做取三寶物，是極重的罪業。）塔是供養佛身舍利的，（舍利，是佛涅槃後，把佛的身體火化，在佛的身體裏有結成一顆一顆像珍珠那樣的東西，叫做舍利，這是佛修了種種功德薰成的一種寶貝。）

照阿含經上說，有四種地方應該要起造佛塔：一種是佛出生的地方，一種是佛得道的地方，一種是佛說法的地方，一種是佛現涅槃相的地方——都應該要造佛塔，供佛的舍利做永遠的紀念，好使人發起恭敬信仰的心，禮拜讚嘆，用種種東西來供養，種出世的善根。

現在所說的**若塔**兩個字，不僅是指供佛舍利的塔，連一切的寺廟、庵院，凡是供佛菩薩的地方，一齊都包括在裏面。**若僧**兩個字，是單指在本處塔廟、寺院 常住的僧眾。**若四方僧**，是說從各處來的游方僧，（**游方**兩個字的意思，就是遊歷各處地方，像那些出家人，或是朝山進香，或是參訪善知識的一類人。參，是像俗家人拜望一樣的意思。訪，是尋求的意思。）經過各處地方，就暫時在大寺院裏掛單，住幾天（凡是僧人受過比丘戒，領得戒單的，可以到各處寺院裏借住，照例的飯食，就歸住的寺院供給他，叫做**掛單**，是暫時的方便。戒單，是受了比丘戒的證明書，類似現在學校裏的畢業文憑。）就要去的。住的時候，來的地方都沒有一定，所以叫四方僧。**物**字，是連上面塔裏的東西，和四方僧的東西都包括在裏面，就是無論塔廟、寺院經管的東西，或是常住僧眾個人的東西，或是四方僧帶來的和施主布施他們的東西。

凡是三寶名下的東西，倘若拿來私下用了，就叫做**取三寶物**。智度論上說：盜佛燈油者，當墮黑暗地獄。意思是說，偷用佛前燈油的人，將來一定要墮落到黑暗地獄裏去。看了這句就可以曉得，偷用了別種供養三寶的東西，一定也是地獄的罪。所以寶梁經上說：（寶梁經，是一部佛經的名稱。）宜自啖身肉，不得盜三寶物。這兩句的意思是說，情願餓極了，自己喫自己身上的肉，那不過是一時的痛苦。若是偷用一些供養三寶的東西，將來受的痛苦還不曉得要加重幾千萬倍哩！所以這種事情萬萬做不得。**若自取**三句的意思，是和上段一樣的，不過**作**字換成**取**字罷了，罪業是做出來的，所以用個**作**字。東西是拿來用的，所以用個**取**字。看過了上段的解釋，自然就可以明白，不再講了。

五無間罪，若自作、若教他作、見作隨喜。

這幾句是分別發露今世、前世所造**阿鼻地獄**的罪。（阿鼻是梵語，翻譯成中文是無間兩個字，就是沒有間斷的意思。）**無間地獄**是最大、最苦的地獄，因為有五種事情都沒有間斷隔開，所以叫做**五無間**：

第一是**時無間**。凡有墮落到這種地獄裏的眾生，日日夜夜受罪，直要經過許多劫數，沒有一個時候停歇。

第二是**形無間**。形是形狀，這個地獄的牆，周圍一萬八千里，高一千里，牆是鐵的，上、下、中間都是大火，地獄裏有一鐵床，橫豎各有一萬里。一個人受罪，自己看見自己的身體裝滿在這張床上。千萬個人受罪，也每個人都看見自己的身體裝滿在這張床上，沒有兩樣形狀的。（一個人也是滿，多個人也是各個都滿，並且各個不阻礙，這就見得色身本來就是法身，法法都是圓融無礙的。）

第三是**受苦無間**。地獄裏種種刑罰的名目，像那刀山、劍樹等類，多得說不盡。地藏菩薩對摩耶夫人說：就是說一劫，也還是講不完。像這種的大苦痛，受罪的人一件一件都要輪流受到，接連不斷。

第四是**趣果無間**。趣果就是造了因，招受果報的意思。不論是男人、女人、老的、小的、貴的、賤的，也不管他天龍、鬼神，凡是造了落地獄的罪，一定都要受這種苦果報，沒有分別。（因果的道理，絲毫沒有錯，造了無間地獄的因，決定要受無間地獄的果，可見得修了淨土的因，也決定會受往生西方的果，只要修得切實，絕對能夠往生。）

第五是**命無間**。若是墮落到這種地獄裏，一日一夜裏總要死一萬次，生一萬次，隨死隨生，隨生隨死。從起初進去的時候起，一直要經過百劫千劫，直到罪業盡了，這種苦報永遠不會間斷。

這五種受苦的情形，都是從果上說的。現在所說的五無間罪，是說造墮落無間地獄的罪因。（罪因，是造罪的原因。）

照地藏經上說：

若有衆生，不孝父母，或至殺害，當墮無間地獄，千萬億劫，求出無期。

（這是第一種罪因。衆生的身體都是父母賜的，父母的恩德，比天還要高，比地還要厚，要能夠度脫父母生到西方極樂世界去，永遠享受安樂，不再受生死輪迴的苦，那才可以算真能夠報父母的恩。像父母這樣的大恩，就算盡世間所有種種孝養的道理，還是不能夠報得千萬分的一分，所以不孝父母的人，將來一定要墮落到地獄裏，何況是傷害父母身體性命的呢？像這樣的惡人，怎麼能不墮落到無間地獄裏去，受那千萬億劫的大苦惱，永遠沒有出頭的日子呢？）

若有衆生出佛身血，毀謗三寶，不尊敬經，也要墮到無間地獄裏，千萬億劫，求出無期。（這是第二種罪因。佛是一切衆生的無上導師、大慈悲父，應該禮拜讚嘆、恭敬供養，怎麼可以傷害佛，使佛身上出血呢？不要講是佛現的化身，就是塑的、畫的佛像，若是弄壞了一些，也叫做出佛身血，這是五逆大罪裏的一種。毀謗三寶，就是說壞佛法僧三寶，使得人家起疑惑心，不能夠發起修行的信心來，就耽誤了人家學佛的心，這叫做疑誤衆生，也是極惡、極大的罪業。一切尊貴的大乘經典，就是諸佛的真法身，所以不曉得尊敬經典，也是極重的罪業。這三種罪業，都是永遠墮落無間地獄的惡因。導師，是指導大眾的師父。）

若有眾生，侵損常住，（侵字，是侵犯他。損字，是使他受虧。這四個字，就是說占常住的便宜。）**玷污僧尼，**（玷字，和污字一樣的意思）**或伽藍內恣行淫欲，**（恣字，是放肆的意思）**或殺或害，如是等輩，當墮無間地獄，千萬億劫，求出無期。**（這是第三種罪因。常住，是供養三寶的地方，也是收藏供養三寶的東西的地方，怎麼可以占它的便宜，使它受損失呢？男僧、女尼，都是清修的佛弟子，怎麼可以去蹧蹋他的身體、污穢他的名譽呢？伽藍，是最清淨的地方，供佛菩薩的，怎麼可以在裏面放肆，做那男女齷齪的事情呢？殺生害命，最是違背佛道的，何況是在佛地上，怎麼可以犯這戒呢？造了這樣的罪，自然應該墮落到無間地獄去。）

若有眾生，僞作沙門，心非沙門，破用常住，欺誑白衣，違背戒律，種種造惡，如是等輩，當墮無間地獄，千萬億劫，求出無期。（這是第四種罪因。

沙門，是學佛法的出家人。偽作，是假扮出家人，其實心裏看見出家人，不但不敬重他們，還討厭他們！心非，就是心裏討厭的意思。破用常住，是破費濫用常住的錢財。欺誑，就是說誑話，欺騙人家。白衣，就是在家人。違背戒律兩句，是說不守佛定的戒法，造出那種種的惡業來。這樣的惡人，自然也應該永遠墮落到無間地獄。）

若有衆生，偷竊常住財物、穀米、飲食、衣服，乃至一物不與取者，當墮無間地獄，千萬億劫，求出無期。（這是第五種罪因。意思只是一種盜取三寶物的罪。偷竊，就是私底下去偷來用。凡是常住的東西，不管是哪一件，都是供養三寶的，偷來用了，就叫做盜三寶物。乃至這一句，是說哪怕是一件很小的東西，只要是沒有給他，自己去取來用，也就是盜三寶物的罪，一定也要永遠墮落無間地獄。與字，就是給的意思）

這墮落無間地獄的罪因，總共也是五種，因和果都是五種，所以叫做**五無間**。**若自作**三句，仍舊和前面一樣的意思，不再說明。

十不善道，若自作、若教他作、見作隨喜。

這幾句是分別發露十惡業的罪。**十不善道**就是說的**十惡業**，（身業三種，是**殺生**、**偷盜**、**邪淫**。口業四種，是**妄言**、**綺語**、**兩舌**、**惡口**。意業三種，是**貪慾**、**瞋恚**、**愚癡**。意是造業的因，身口兩種是造業的緣，因緣和合，就結成罪業，總共是十種，所以叫做十惡業。在阿彌陀經白話解釋裏面皆是大阿羅漢，眾所知識兩句底下有詳細解釋。）因為是惡，所以不善。**業性就是解脫**性，所以業也可以說它是道，（這句的意思不要解釋錯了，要曉得，業和道雖然只是一種體性，但是也有分別的。有心的，就是業。無心的，就是道。造業的人，有哪一個是不動心念的呢？倘若不明白這種道理，就算造業是不礙事的，也一定要落到惡道裏去。**業就是解脫**，在佛法大意裏面詳細解釋過。）所以說是十不善道。

還有一種說法，道字作路字解釋，十不善道是說這十種造業因緣是向著罪惡的一條路上去的。照經上說，這十種惡業是三惡道的因：最重的墮落地獄道，輕一些的墮落餓鬼道，最輕的墮落畜生道。造了這種惡業，一定要受罪報，要能夠像隋朝的法喜法師一樣，才可以逃脫罪報。法師是天台智者大師的弟子，年輕的時候，傷害過一隻野雞的命，法師出了家，常常修方等經的懺法，（方等的懺法，多得說不完，總名有三種，叫作法懺、取相懺、無生懺。佛法大意裏面都講過。）誠心念佛，求生西方。忽然有一天，那一隻野雞來向他討命，空裏有天神阻止那野雞道：法師應該要往生淨土，怎能夠償你的命呢？後來法師臨終的時候，看見佛菩薩都來迎接他，他就坐化去了。倘若不是靠念佛的力量，怎麼能夠逃脫這殺生的罪報呢？

所作罪障，或有覆藏，或不覆藏，

這幾句是承認自己造罪的時候起的各種煩惱心。**所作**就是前面所說的**自作**、**教他作**、**見作隨喜**的三種。**罪**字是包括上面所發露的各種罪，造罪不但是障礙出世的清淨法，也障礙世間的善法，所以說是**罪障**。（障礙的惡法有三種：罪障，就是**業障**。造業的因，就是這一念的煩惱心，叫做**煩惱障**。造業的果，就是受各種的苦果報，叫做**報障**。這三種障，能夠障礙自己佛性本來有的三種德：煩惱障，障礙般若德。業障，障礙解脫德。報障，障礙法身德。有了這三種障礙法，所以自己的心性裏本來有的三種功德，不能夠發顯出來，就永遠在六道輪迴裏，受那生生死死的大苦了。）

覆字是遮蓋的意思。**藏**字是隱瞞的意思。譬如造了罪業，自己覺得錯了，恐怕人家曉得了要笑他、罵他、責罰他，所以不敢被人曉得，就想法子把這件事情遮蓋隱瞞過去，這叫做**覆藏**。本來已經有了一種造業的罪，覆藏了，又要加上覆藏的罪，就變成罪上加罪了。所以佛法最重的是直心，最忌的就是那種覆藏心，（覆，是一種煩惱心所法，也收在一分的貪心、癡心裏面。）因為把罪覆藏了，就一定不肯發露懺悔，那是永遠沒有消滅罪業的日子了。

或不覆藏這一句，並不是說當時自己曉得犯了罪應該要發露懺悔，因為發露懺悔了，那罪業就應該消滅，不會再有障礙了。現在既然說是罪障，就是既不遮蓋隱瞞，也不發露懺悔，而是肆無忌憚，不怕人家笑罵他、責備他，仍舊公然的犯罪造業，這是各種不覆藏中最重的罪。或是造了罪業，自己還不曉得是不應該的，所以不覆藏，就像那現在殺生喫肉的人，哪一個曉得是造罪呢？不曉得是造罪，那是癡心。愛喫的滋味好，那是貪心，都是煩惱惡心所法，都是有罪的。不覆藏的緣故，還有許多許多，說不盡的，大概都是各種的煩惱心罷了，這就叫做**煩惱障**。

應墮地獄、餓鬼、畜生、諸餘惡趣、邊地、下賤及蔑戾車，如是等處。

這幾句是承認自己造了罪，應該受的各種苦果報。**地獄**、**餓鬼**、**畜生**三種惡道，也有經典上說是四惡道，那是連修羅道也算在惡道裏，還有那種魔鬼邪神也是惡趣眾生。（惡趣和惡道，是一樣的意思。）

諸餘惡趣四個字，是說除了三惡道，還有許多別的惡趣，就是指修羅和魔鬼邪神等類說的。

邊地是南閻浮提極邊的地方，佛法不容易流通到的，沒有佛法聽得，那就永遠沒有出世的希望了，這是一種最大的苦處，所以華嚴經上說：寧受無量苦，得聞佛音聲。不受一切樂，而不聞佛名。所以無量劫，受此眾苦惱，流轉生死中，不聞佛名故。這幾句偈的意思是說，情願受無數的苦痛，只要聽得到佛說法。不情願受一切的快樂，聽不到佛的名號。所以過去無量無邊的時世，一直在生死輪迴裏轉，冤枉受那種種的苦惱，就是因為不曾聽到佛的名號。可見得生在邊地，實在是極苦惱的。現在我們靠著夙世的善根福德，生在佛法極興盛的中國，還聽得到一心念阿彌陀佛就可以往生到西方極樂世界去，一去就能夠成佛，永遠不再受生死的苦，這樣極容易、極穩當、第一修行的妙法，若是還不曉得認真念佛求生西方，那真是對不起自己了。

下賤兩個字，是說低賤的下等人，這種人很窮苦，沒有錢財，就是要修福德，也苦得沒有力量，還要伺候人家，一天到晚總是忙忙碌碌，稍有一些不小心，做的事體不討好，就不免要受人的責罵，還有什麼工夫研究那出世的學問呢？所以，這種人也是很苦、很苦的。

蔑戾車是惡見，（**蔑戾車**是梵語，翻譯成中文就是惡見兩個字，也有說彌戾車的，這是蔑彌兩個字聲音差不多的緣故，兩個都可以用的。）因為有一種人的見解，不但是違背道理，並且多是造罪的，所以說他是惡見。像那毀謗三寶，不信因果的人，就叫做蔑戾車了。這種蔑戾車的人，不但是沒有出世的希望，還要墮落到惡道裏去，受千萬世的罪報哩！

如是兩個字，就是指前面所說的，從地獄起，一直到蔑戾車各種的苦報，用一個等字，是把一切不曾說到的苦果報，也一齊都包括在裏面的意思。**處**字，就是說受那各種苦報的地方。這就叫做**報障**。

所作罪障，今皆懺悔。

這兩句歸結到懺悔的正文。這裏的一句所作罪障，仔細研究，和前面的一句所作罪障，意思有分別的：前面的所作罪障是單就各種造的罪說的，所以，那罪障兩個字，也只是單就業障一種說的。這裏的**所作罪障**是連業障的前因——就是煩惱障。業障的後果——就是報障，三障一起都包括在裏面了。

今皆懺悔四個字的意思，是把所有造罪的因緣果報，一切障礙法，完全懺悔清淨。但是，要著力在這個悔字上，才可以使得這懺有效驗。若是一面懺從前已經造的罪，一面還是不曉得悔，仍舊在那裏添造新的罪。那麼，已經有的罪障還沒有消去，新的罪障倒又一天一天地累積起來。這層道理，要想懺除罪障的人，不可以不明白。

今諸佛世尊，當證知我，當憶念我。

這幾句是求佛**證明攝受**的。（證明，是證明白自己懺悔的誓願不是虛假的。攝受，就是收受的意思。）**今諸佛世尊**五個字，不但是前面稱念禮拜的八十九尊佛，是把所有十方三世的一切諸佛完全包括在裏面了，凡是修懺悔法，總要求佛證明的。法華經上說：佛是一切知者。（一切知者，是一切都曉得的意思。）金剛經上說：所有眾生若干種心，（若干種，就是許多種。）如來悉知。（悉知，就是都知道的。）所以，我現在的懺悔，是真實的發心，並沒有絲毫虛假，佛一定可以曉得，應該要替我證明白的。

楞嚴經上說：**十方如來，憐念衆生，如母憶子，若子逃逝**，（如母憶子一句，在前面是諸世尊，當慈念我底下，已經解釋過。逝字是去的意思，就是說若是這個兒子逃到別處去了。這一句的意思，是譬喻不信佛法的人。）**雖憶**

何爲？（雖然想念他，也是沒有用的。）**子若憶母，如母憶時，**（這兩句的意思是說，那個兒子若是想念他的母親，也像母親想念他一樣，這是譬喻回心向佛的人。）**母子歷生，不相違遠。**（那麼，母子兩個，自然是終身終世不會遠離。歷生，就是經過這一生的意思。）可見得沒有一個眾生，佛是不放在心上的。現在我既然曉得了自己從前所造的罪業，對佛像至誠懺悔、一心念佛，那麼，佛絕沒有不哀憐我、想念我的道理。佛既然哀憐我、想念我，那麼，一定攝受我了。

我復於諸佛世尊前，作如是言：

這兩句是發願回向的開頭。前面已經把從前所造的一切罪業，完全對十方三世一切諸佛，至誠懇切地發露懺悔過了，那麼，罪業一層自然是消滅清淨，不會再有障礙了。但是還有無量劫來所修的種種善根、福德，留在那裏沒有結束，倘若不發願回向，恐怕只能受**人天的福報**，（人天福報，是受人世界上或是天上享福的報應。但是福報享過了，就恐怕還有苦報要受。）仍舊是在輪迴裏，逃不出這生死苦海。那麼，雖然是善根福德，仍舊還是一種業障。所以，雖然懺悔了，還一定要發願回向。（回向到西方極樂世界去。）所以說，我再在十方三世一切諸佛世尊的面前，說這樣的話。這樣的話就是後面所說發願回向的許多話。

●若我此生、若我餘生，曾行布施，或守淨戒，乃至施與畜生一摶之食。

這幾句是說今世、前世所修的種種福德。**此生**就是今世。**餘生**就是除了今世，從無量劫到現在所經過的千千萬萬世。**曾行**就是已經做過的。**布施**是六度的第一度，是最重要也是功德最大的。

或守淨戒的**戒**字，是各種的戒法都在裏面。（守各種戒法，就是六度的第二度，佛法大意裏面約略都說過。）佛定出各種戒法來的意思，原是要使大眾身、口、意三種業都清淨，所以叫做淨戒。受了戒法，要三種業一些也不犯，才可以叫做守淨戒。若是身、口兩種雖然不曾犯戒，但是心意裏還不能夠完全清淨，那麼，雖然不是破戒，也不可以說是守淨戒了。所以，這守淨戒三個字，實在也是很不容易。用一個**或**字，是不說定的意思。或是布施過，或是守過淨戒，這兩種都是修的**福德因緣**。（福德因緣，在阿彌陀經白話解釋「不可以少善根福德因緣」一句底下有詳細解釋。）

乃至兩個字，是把一切修福德的事情都包括在裏面，一直歸結到最小一件事的說法，意思是除了布施、守淨戒兩種，還修別的各種福德因緣，就是講到最微細的，像那布施畜生，給他一摶喫的東西，（摶字和團字差不多，有兩種解釋：一種是拿喫的東西捏成一團。一種是不過一團，並不多的。）也是福德因緣，應該也一齊收集來把他回向佛道，才可以免做三世冤哩！（截流大師說，修學佛法的人，倘若把所修的功德不回向西方、求生淨土，那麼，下一世一定享受人天的福報，享福的時候，不免就要造出種種業來，越是享福的人，有財有勢，越容易造業，到了第三世，墮落到惡道裏，受極大的苦，不是冤枉嗎？所以叫做三世冤。）

或修淨行所有善根，成就眾生所有善根，修行菩提所有善根，及無上智所有善根。

這幾句是說今世、前世所修的種種善根，所學的各種佛法，或是修的淨行。行字，是一切起心動念和所做的種種事情。加一個**淨**字，是一切都合著佛道，沒有一些犯戒的心思、犯戒的動作。不論在這一世，或是從前過去的千萬世，種過這種善根的。

成就眾生（成就，就是成全他的意思。）是譬如眾生有苦處，我就救他脫苦。眾生沒有樂處，我就使他得樂，總是成全他。但是用世間法成全他們，功德還小。若是用出世間法成全他們，教他們一心念佛，發願求生極樂世界，永遠離苦得樂，一世就可以修成佛，這種功德就無量無邊了。因為成全他一個眾生，他又可以去成全其他許多眾生，一傳十、十傳，就可以成全無窮無盡的眾生。那麼，成就了一個眾生，就是成就了無數的眾生。

照天台宗的說法，菩提有三種，要依三種的般若，用真修的功夫，才可以證得這三種菩提。**依文字般若，證得方便菩提**。（方便，是隨機應變，說來使人聽了喜歡，容易相信，所以叫方便。）**依觀照般若，證得實智菩提**。（實智，是能夠依觀照真實性的智慧，完全合著道理，所以叫實智。）**依實相般若**，（文字、觀照、實相三種般若，在心經白話解釋經題底下有詳細解釋。）**證得眞性菩提**。（真，是沒有虛假。性，是沒有改變，所以叫真性。）這三種菩提，其實就是一切眾生本來有的三種佛。**方便菩提就是緣因佛性，實智菩提就是了因佛性，眞性菩提就是正因佛性**。（正因，是眾生有的真性。了因，是明白一切真正的道理。緣因，是修種種真實的功德。這三種佛性，在佛法大意裏面有詳細解釋。）

但是沒有功行的人，這三種菩提雖然在自己本性裏有，也不能夠顯露出來。念佛的人，念一句佛號，就有這三種菩提性在裏面。懇切念佛求生淨土，就是方便菩提。曉得淨土就是自己心性變現的相，就是實智菩提。無念而念，念而無念，（這兩句是說，念是念的，但是沒有念的相，雖然沒有念的相，又的確是念的，念佛念到這種境界，那是念到了神妙不可說的地步了。）就是真性菩提。所以，一心念佛求生淨土的人，實在就是修淨行，也就是成就眾生，也就是修行菩提。這三種善根，都在一句佛號裏了，所以，念佛就是多善根福德因緣。

及無上智的**及**字，也有跳過、略過的意思，把別的一切善根都包含在裏面了。**無上智**就是佛的一切智、道種智、一切種智。因為佛是最尊、最貴的，沒有再在佛的上面的，所以佛稱做無上士。佛的智慧，就稱無上智。這裏說無上智所有善根，就是發過修學無上佛智的心。修學佛智，最是廣大無邊的善根，這種善根能夠修到，那麼別的各種善根更加不用說了。

還要曉得一層道理，也有修一種功德就種無數善根的，像那金剛經上說的：於此章句能生信心，以此為實，當知是人不於一佛、二佛、三、四、五佛而種善根，已於無量千萬億佛所種諸善根。這幾句的意思是說：對那金剛經上一章一章、一句一句所說的法，能夠生清淨的信心，認做是實實在在都是真切的道理，那就應該知道這個人不是在一尊、兩尊、三、四、五尊佛之前種了許多的善根，其實是已經在無量千萬億佛之前都種了許多善根。可見得一念的信心，就有無量無邊的**善根**在裏面。所以，每句的下面都說所有**善根**，就是包括一切，不使得一些善根散失的意思。

一切合集，校計籌量，皆悉回向阿耨多羅三藐三菩提，如過去、未來、現在諸佛所作回向，我亦如是回向。

這幾句是說回向的方法。**一切**兩個字，是包括上面所說的種種福德、善根。**合集**是一起把他會合起來、聚集起來，不放他散失一些。**校計**是比校功德的意思。**籌量**是通盤籌算的意思。**皆悉回向**，（回向，在佛法大意裏面有詳細解釋。）就是把所有的種種福德善根一齊回向無上佛道。**阿耨多羅三藐三菩提**，（這一句是梵語，翻譯成中文是無上正等正覺，也就是成佛，在阿彌陀經解釋裏面六方佛下面一段，和佛法大意裏面，都有詳細解釋。）是諸佛所證得的無上道。

如過去、**未來**、**現在**的幾句是說，像那三世諸佛所做的回向法門，我也照樣的回向。這種的回向法，叫做**等一切佛回向**，（等一切佛回向，和一切諸佛的回向一樣的意思。）是華嚴經上所說的十種回向方法裏的第三種，（十種回向，若是要曉得詳細，可以查華嚴經。）這是回因向果的道理。

眾罪皆懺悔，諸福盡隨喜，及請佛功德，願成無上智。去來現在佛，於眾生最勝，無量功德海。我今皈命禮：

這八句偈是重說前面所說的許多話，叫做**重頌**。（重頌的重字，是重複、重新的意思。重頌，是偈頌的格式，照前面長短句的意思，重新再說一遍，來稱讚佛。）

第一句是說，所有一切的罪，把它完全**懺悔**消滅，立願未來永遠不再造罪——這是頌那長短句裏從無始生死以來所作眾罪起，一直到今皆懺悔的幾句。

第二句是說，種種修福的事情，沒有一件不**隨喜**的——這是頌那曾行布施起，到及無上智所有善根的幾句。

第三句是說，還要請一切諸佛轉無上大法輪，（這一句的意思，就是請佛說法。在佛經裏面，請佛說法，往往叫轉法輪。在朝課十小咒裏、如意寶輪王陀羅尼底下轉法輪有詳細解釋。）度脫一切眾生。再請一切諸佛常住在世界上，可以使眾生受著利益快樂，不要現那入涅槃的相。第一句、第二句的兩件事，是修最大的功德。第三句的意思，在前面長短句裏沒有的，是偈頌裏面單獨提出來的，照道理應該叫**孤起頌**。（孤起頌，就是單獨提起的意思。）

第四句是說，願意得到佛的**無上智慧**，到底成佛——這是頌一切合集，回向無上菩提的幾句。

後面的四句偈是說，過去世、未來世、現在世的一切諸佛，在一切眾生裏，其實是最尊、最上、最第一。佛的**功德無量**無邊，沒有可以比喻的，只好用一個**海**字來形容功德的廣大，（如來的功德，照普賢行願品的說法，那就是十方諸佛經過不可說不可說的劫，接連不斷地演說，還是說不完，那麼就說是海，還只是比喻十方世界的一微塵罷了。）像這樣大功德的佛，所以我現在願意把性命都歸托佛，至誠恭敬的禮拜佛——（皈命禮三個字，歸結到回向的意思）這是頌如過去、未來、現在諸佛所作回向的幾句。

還有一層道理，這八句偈，雖然說是重頌上面所說的話，其實也就是引起下面要說的許多偈，最後一句**我今皈命禮**，恰好和下面所引用普賢行願品偈頌開頭幾句的意思，像是一直說下去，覺得很順當，一些也沒有牽強，這真是很妙的文字。

所有十方世界中，三世一切人師子，
我以清淨身語意，一切徧禮盡無餘。
普賢行願威神力，普現一切如來前，
一身復現剎塵身，一一徧禮剎塵佛。

從所有十方世界中起，一直到回向眾生及佛，總共四十八句，分做八段，都是普賢行願品偈頌裏面的句子。這開頭的八句偈，是頌普賢菩薩十大願的第一大願——**禮敬諸佛**的。照十方世界說起來，世界外面還有世界，本來是無窮無盡的。況且，每一個世界就有無數的微塵，每一個微塵裏又各有無窮無盡、廣大無邊的世界，像這樣一重一重的世界，怎麼算得出數目來呢？

第一句**所有**兩個字，是把十方一重一重世界裏所有的佛，完全包括盡的意思。**三世**是過去的前面還有過去，永遠推算不到開頭。未來的後面還有未來，也永遠推算不到結底。像這樣的三世法裏，所有包含的時劫，實在是無窮無盡的。這樣無窮無盡的三世時劫，完全都收在我們現前一念的心裏。一念的心，收盡了三世的時劫，念念裏面，也各個收盡三世所有一切的時劫。所以，這三世的時劫也是重重無盡的。這樣重重無盡的世界上，重重無盡的時劫裏，所有出現的佛，還有數目可以計算嗎？用一切兩個字，是完全包括的意思。**人師子**是說人道裏的師子王，（這個師字，和獅字一樣，獅子是萬獸之王，佛是九法界的王，所以佛經裏面常常拿獅子來比喻佛。）就是說佛。

第三、第四兩句是說，我用清淨的身業、口業、意業三種，對無量無邊的一切諸佛完全禮拜到，沒有遺漏一尊。粗看起來，禮拜諸佛，只是一種身業清淨，怎麼講到口業、意業呢？要曉得修普賢行願的人，都是三業清淨的。就像禮佛時，不但要身體端正，心意一定是至誠恭敬，沒有別種的妄念。口裏除了稱佛名號，或讚嘆佛的功德，一定不會有其他的話，所以說是**三業清淨**。

後面四句的意思是說，這都是靠修**普賢行願**的大威神力，所以能夠把自己的身體化現出無量無邊的化身來，在所有十方三世一切佛的面前，都有自己現的化身。**剎塵身**是把一個佛剎化成像微細的灰塵那樣細小，自己的化身要化到這樣多。**剎塵佛**是說佛也像一個佛剎化成微塵那樣多，並且所現的化身，又一個一個的各個化出像不可說不可說的世界所有極細的微塵一樣多的化身來，每一個化身，對那不可說不可說的世界的微塵數的一切諸佛都周遍禮拜到。這種大願、大行的威神力，真是不可思議。

學這樣禮佛法門的人，在禮佛的時候，應該心裏想：我這個道場就是自己心性造成的，心性的量廣大無邊，所有十方三世的一切法，完全都收在現在一念的心性裏。心性有大智慧的光明，能夠周遍照到一切的法界，所以，面前這個道場，可以比做天帝宮扉頁寶珠網上的摩尼珠一樣，光光相照，（光光相照，是這顆珠的光照那顆珠的光，那顆珠的光照這顆珠的光。）重重無盡的。所有十方三世的一切諸佛，沒有一尊佛不在這道場裏現出相來，我的一個身體也因為光照的緣故，現出無窮無盡的身相來，只要我在這裏禮拜，那些現的身相也各個都對那無窮無盡的諸佛禮拜。再要曉得我所禮拜的佛，性是空的。受我禮拜的佛，性也是空的，空對空，自然合得攏來，不會有什麼阻礙了。所以這邊用至誠恭敬的心去感，那邊就用大慈大悲的心來應，（這邊是說眾生，那邊是說佛。）彷佛像是磁石吸鐵一樣，這真是不可思議。

所以，楞嚴經上說：**憶佛念佛**，（憶佛，就是想佛的身相。念佛，是念佛的名號）**現前當來**，（現前，是現在世。當來，是未來世。）**必定見佛**。就是這感應的道理。所以，修淨土的人，只要至誠恭敬地拜佛、念佛，沒有不接引往生的。修淨土的人拜佛，可以照十六觀經上第八觀的說法，想那極樂世界所有種種寶樹的下面，都有三個蓮華臺，阿彌陀佛坐在中間，觀世音、大勢至兩菩薩坐在兩邊，極樂世界的各處都是這樣的，現在一起在我這心光變現出來的道場裏，現出這種相來。我的身體也因為佛菩薩的光光相照，所以現出無窮無盡的身相來，各個禮拜那無窮無盡的西方三聖，這才算是修學普賢行願的禮敬諸佛。（經上說，見無量壽佛者，即見十方無量諸佛。所以禮敬阿彌陀佛，也就是禮敬十方三世無量諸佛。無量壽佛，就是阿彌陀佛。）

於一塵中塵數佛，各處菩薩眾會中，
無盡法界塵亦然，深信諸佛皆充滿。
各以一切音聲海，普出無盡妙言辭，
盡於未來一切劫，讚佛甚深功德海。

這一段是頌第二大願——**稱讚如來**的。修學普賢行願的人，先要明白**法界**的道理：一切諸法都包含在自己的心裏，沒有一法能夠超出這個心的界限，所以說：**萬法唯心造**，（萬法唯心造，在下面蒙山施食儀裏面有詳細解釋。）心外無一物。又叫心是一**眞法界**。（真實的理只有一條，沒有兩樣說法，所以叫做一。真，是實在的，不是虛假的。這四個字，其實就是真如實相的道理。）華嚴宗從法界的事相、理性上面，（宗，是一派一派的意思，在佛法大意裏面講過。華嚴宗，是說那專門研究華嚴經一派的人。）分立出四種法界來：

一種是**事法界**——一切眾生的色法、心法，各有本分的界限，種種不同。

一種是**理法界**——一切眾生的色法、心法，雖然各個不同，但是講起體來，終究只是一種，沒有兩樣。

一種是**理事無礙法界**——理性就從事相顯現，事相就從理性成功。所以，理性和事相，彼此融合，（彼，是那個。此，是這個。就是說理性和事相兩種。）沒有妨礙。

一種是**事事無礙法界**——一切各別不同的事相，既然同是一種體性，那麼都可以稱性融通了。（稱字，是依憑的意思。稱性，是依憑這個性的意思。事相雖然各個不同，但既然是一樣的體性，那麼依憑了這種體性就自然不會不融通了。）所以，一可以是一切，一切可以是一，大的可以歸入小的，小的可以收容大的，互相融通，就成了這重重無盡的境界相。

這前四句的偈，就要照這事事無礙法界的道理來解釋。第一句，**於一塵中**四個字是說，在那一點極細的微塵裏。**塵數佛**三個字是說，有像把一切世界完全化做微塵那樣多的佛。一點微塵裏，佛有這樣的多，並不是把微塵的相放大，也不是把諸佛的相縮小，微塵還是那種極微細的相，諸佛還是那種很高大的相，這是什麼道理呢？要曉得，一切法的相，沒有一個不是自己的真心變現的，無論是那一種相，都是全分的心量，所以法法都是法界，都是完全包含所有一切法，十方世和那一點微塵的體量其實是一樣的。所以，這個相見得大，那個相見得小，都是眾生分別執著的顛倒見解，完全是虛妄的，和那真正的道理不相應。譬如一面鏡子掛在空的地方，凡有這鏡子照得到的東西，完全都收在鏡子裏了。若是講起相來，鏡子是很小的，怎麼能夠收容這許多極大的相在裏面呢？照這種譬喻看起來，可見得小的相收容大的相，真有這種事情的。那麼，一微塵可以收盡十方世界的道理，也可以相信，不要再疑惑了。

第二句的意思是說，這許多的佛，各個都有無量無邊的大菩薩圍繞著，成功一個絕大的法會，佛就住在那法會裏。**處**字就是住字的意思。

第三、第四兩句是說重重無盡的法界所有一切的微塵，也都像上面兩句所說一樣的情形。修普賢行願的人，要深心的相信這一切的微塵裏，沒有一粒微塵不是諸佛充滿的。

後四句偈歸到讚佛的正文。凡是**讚佛**，必定有種種的話頭，種種的話頭，都要借聲音來宣傳。現在說所有在一切諸佛面前，無窮無盡化身的人，都用一切極妙的音聲，像大海一樣的無窮無盡，並且一切極妙的音聲裏，又各個流出無量無邊、無窮無盡絕妙的話來讚佛。並且不是一日一月、半年一年，也不是一劫兩劫、千百萬億劫可以讚嘆盡的，一直要到所有未來的一切時劫，接連不斷的讚佛。未來的時劫，永遠沒有盡期，那麼，就是讚佛也永遠沒有盡期了。佛的功德極深極深，量不到底，所以也用一個**海**字來做譬喻。

以諸最勝妙華鬘，伎樂塗香及傘蓋，
如是最勝莊嚴具，我以供養諸如來。
最勝衣服最勝香，末香燒香與燈燭，
一一皆如妙高聚，我悉供養諸如來。
我以廣大勝解心，深信一切三世佛，
悉以普賢行願力，普偏供養諸如來。

這一段是頌第三大願——**廣修供養**的。前八句是**財供養**，後四句是**法供養**。

以字是拿的意思。**最勝**就是頂好的。**妙華鬘**是用極妙的華，結成帽子的樣式，裝飾在頭髮上。

伎樂就是吹的、彈的、敲打的各種樂器。**塗香**是塗在身上的香，像香水一類的物品。**傘蓋**就像現在供在佛像前的寶蓋。

如是兩個字，是說像這樣許多最好的莊嚴物品。

第四句的意思是說，我都拿來供養所有十方三世一切的佛，還有最好的衣服，（這種衣服，不像我們穿的衣服那樣粗笨，佛所穿的衣服，是一種極薄極輕的質料，像他化自在天上的人，身體有三里路長，所穿的衣服不過半銖重，然而佛所穿的衣服，一定比天上人所穿的還要好上幾千萬倍哩！絕不是我們世界上所有的，也絕不是我們想得到的樣子。二十四銖成一兩，每一銖大約四分二釐五毫不到。）最好的香哩！

末香是各種香末。燒香是燒的香，像沈香、速香、檀香都是的。**與燈燭**是說和用油點的燈，用油熬成的蠟燭。

第七、第八兩句的意思是說，這樣各種的物品，一樣一樣都像須彌山那樣的高大，（**妙高**，就是須彌山，在佛法大意裏面講過，這是拿須彌山來比喻各種物品的多。）我都拿來供養一切的佛。照這個偈的文字上看起來，這**一一**兩個字，不僅是單指衣服這幾種物品，是連上面，從華鬘起，一直到燈燭，完全都包括在裏面了。

經上說：華雲、（各種物品上面，都用一個雲字，是取極多的意思。）鬘雲、天音樂雲、（各種物品上面都用一個天字，是取頂好的意思，不是人世界上所有的。）天傘蓋雲、天衣服雲。天種種香，塗香、燒香、末香，如是等雲，一一量如須彌山王。（須彌山，又高又大，是各種山裏的王，所以稱須彌山王。）燃種種燈，（燃燈，就是點燈。）酥燈、（就是蠟燭。）油燈、諸香油燈，一一燈炷如須彌山，（燈炷，就是點火的燈蕊，燈蕊像須彌山那樣大，這種燈還得了嗎？）一一燈油如大海水。可見得種種供養的物品，都是像須彌山一樣高大。

有人問：供養佛的物品為什麼一定要像須彌山那樣的高大呢？我道：不是這樣的高大，就覺得不稱了。要曉得，佛的功德報身都是很高、很大的，就像十六觀經上說，阿彌陀佛的身相有六十萬億那由他恆河沙由旬高，那麼，一切諸佛的身相，一定也都是差不多的。供養這樣高大的佛身，供養的物品怎麼能不像須彌山一樣的高大呢？上面的各種物品，都是在身體外面的，都叫做**外財供養**。若是用身體上的東西來供養佛像，像菩薩的燒身、燒臂、挖眼、割肉，那就叫做**內財供養了**。（這種內財供養，一定要修到功夫很深，能夠把自己的身體看空了，才可以這樣做，若是沒有這種功夫的人，萬萬不可以亂來，這一定要曉得。）

後四句偈是**說法供養**。**廣大勝解心**，（解，是懂得的意思。勝，是因為能夠懂得不容易懂的道理，所以說是勝。）就是明白一一世界都可以化做無量無邊的微塵，一一微塵都能夠各個收盡無量無邊的世界，這樣重重無盡的世界相，完全在自己現前一念的心，所以說是**廣大**。這種極深極深的道理，能夠解悟，所以說是**勝解**。**深信**就是深心的相信，（深心，是極切實的意思。）一些也沒有疑惑的意思。一切三世佛就是這重重無盡的微塵世界裏，所有過去、未來，現在的一切諸佛，我都用普賢行願的威神力，用心觀想，好像那所有的一切佛都在我自己的眼前，完全都受我種種的供養。修學這樣的普賢行願，才叫做真法供養如來。

我昔所造諸惡業，皆由無始貪瞋癡，
從身語意之所生，一切我今皆懺悔。

這一段是頌第四大願——**懺悔業障**的。**昔**字就是從前。我們眾生自從無始到現在，在那六道輪迴裏轉，一世、一世，所有的各種身相，真是不可說不可說的多了。有了身體，不免就要做出各種事情來，或是造善業、造惡業。但是，凡夫不懂得因果報應的道理，所以，總是惡業多，善業少。一世、一世的累積起來，所造的惡業，還可以算得清嗎？

凡是一個人造業，總是從身、口、意三種上發生的。意是造業的因，身、口兩種是造業的緣，因緣和合，業就造成了。倘若沒有意業的因，身、口兩種一定造不出業來。所以，種種惡業全是從意上起。

貪、瞋、癡三種，是根本煩惱的心所法，（心所法，在佛法大意裏面有詳細注解。）就是意業所有一切的惡業，沒有不是從這三種心所法起因的。（因為這貪、瞋、癡三種，都是造業的因，不論造什麼業，都是從這三種上起的，所以叫起因。）這三種惡心所法，也是從無始到現在一直有的，有了這三種惡心所法，就會從身、語、意上，（身是身業，語是口業，意是意業。）發生出種種的惡業來了。

一切兩個字，是包括從無始到現在所造的種種惡業。**我今皆懺悔**是說，我現在至誠恭敬的在十方微塵世界所有一切諸佛的面前發願懺悔。從今天起，直到永遠的將來，一定守住清淨的各種戒法，不再造罪業了。

十方一切諸眾生，二乘有學及無學，
一切如來與菩薩，所有功德皆隨喜。

這一段是頌第五大願——**隨喜功德**的。第一句是說六道的凡夫，第二句是說一切小乘的聖人、賢人，第三句是說一切諸佛菩薩，第四句歸結到隨喜功德。**十方**兩個字，是包括第一、第二、第三、三句的，雖然單說十方，一定也包括三世在裏面。因為普賢行願，願願都是盡界量的，（界量，就是法界的量。所有十方重重無盡的世界，三世重重無盡的時劫，完全包括盡的。）所以不能夠單說現在一世的一切諸眾生，應該說過去、現在、未來三世，在六道輪迴裏的種種眾生。凡是沒有證得第四果阿羅漢的聲聞，和沒有證到辟支佛的緣覺，都還沒有斷盡見思惑，還是要用修學功夫的，所以說是**有學**。到證得了聲聞的第四果、緣覺的辟支佛果，那麼，見思惑完全斷盡了，不必再用修學的功夫了，所以說是**無學**。現在有學、無學都說在裏面，那是沒有證到阿羅漢的聲聞，沒有證到辟支佛的緣覺，和已經證到阿羅漢的聲聞，已經證到辟支佛的緣覺，都包括在裏面了。

一切如來也是就過去、現在、未來的三世諸佛說的。一切**菩薩**是就十信、十住、十行、十回向、十地、等覺的五十一位菩薩說的。凡夫的功德，總不過是修十種善業，或是有時候在三寶分上種些福田，這種功德雖然都是有漏的，若是曉得了淨土法門，把念佛的功德回向求生西方極樂世界，那麼，就是原來有漏的功德也都可以莊嚴淨土，做往生的資糧，有漏也就變成無漏了。

可惜凡夫懂得這層道理的少，只落一個靠修這種功德的力量，後世去受那人天的福報罷了，等到福報享完了，所有前生、前前生造過的惡業，究竟要受到報應，那就不免還要墮落到惡道裏去受大苦惱，你想冤枉不冤枉呢？

比起念佛回向求生西方的人，一世上就可以超出三界，並且一世上就可以直修到候補佛的位子，真是天差地遠了。二乘修四諦法要修到證著聲聞的第四果，緣覺修十二因緣要修到辟支佛果，不曉得要修多少世才能夠修成，就是修成了，也只能夠了脫分段生死，還有變易生死沒有了脫。倘若把這種功夫用在念佛上面，發願求生西方，那麼，一了百了，不但是分段生死永遠了脫，就是變易生死也可以了脫，不是爽快嗎？

如來的功德，從初發心起，一直到坐在菩提樹下成道，中間一世、一世的苦修，要經過不可說不可說的世界極微塵數的劫，所有布施的頭面、手足，也有不可說不可說的世界微塵數的數目。內財布施尚且這樣的多，何況別的各種外財布施，更加不曉得有多少哩！單講圓滿一種檀波羅蜜的功德，（檀，是簡單說法。若是說完全，應該是檀那兩個字，就是布施。）已經是說不盡了，何況還要圓滿尸羅、（就是持戒。）羼提、（就是忍辱。）毗離耶、（就是精進。）禪那、（就是禪定。）般若（就是智慧。上面的檀那、尸羅、羼提、毗離那、禪那、般若都是梵語，下面的小注，都是翻譯過的中文。）等種種波羅蜜的功德呢？

等到成了佛，還有轉法輪、度眾生、現涅槃、分舍利，（佛入了涅槃後，所有身體裏的舍利，都要分給信佛的人請去供養，所以叫分舍利。）也都是不可思議的功德，怎麼說得盡呢？

菩薩的功德雖然比佛差一些，但是一位、一位的修證上去，那功德也是不可思議的。修學普賢行願的人，不但是隨喜所有一切諸佛菩薩的種種無上功德，就是所有一切二乘聖賢的種種修證功德，也都要隨喜，哪怕所有一切眾生修種種福的功德，就是極小極小的，也沒有不對他們發隨喜心的，這才叫做普賢行願。

十方所有世間燈，最初成就菩提者，
我今一切皆勸請，轉於無上妙法輪。

這一段是頌第六大願——**請轉法輪**的。第一句**十方所有**四個字，是包括一切的意思。燈可以照得見黑暗的地方，譬喻佛法可以照破眾生心裏的種種黑暗，所以佛稱**世間燈**。第二句是說，現在剛才成佛的人。第三、第四兩句是說，我對他們都懇切地勸、至誠地請，求他們說無上的妙法。（說無上的妙法就叫轉法輪。）

有人問道：為什麼不普勸三世諸佛一同轉法輪，單勸現在的諸佛呢？而且，就是說現在的佛，還有早先成道的佛，為什麼也不去勸請，只勸請現在剛修成的佛呢？

我道：十方重重無盡的微塵世界裏，一念一念都有不可說不可說的世界微塵的佛出現在世界上，倘若不是用普賢菩薩的廣大勝解心，怎麼能夠一切佛都勸請，沒有漏掉呢？凡是起初成道的時候，一定有人請轉法輪，像大通智勝佛，那是十方梵天王和十六個王子勸請的，第一次的勸請最是重要。從前成道的佛，普賢菩薩大概都勸請過了，所以現在又勸請剛才成道的佛。並且，剛才成道的佛尚且都勸請，那麼，從前成道的佛，更加一定都要勸請了。講到未來佛，那是還沒有成佛，就沒有到勸請的時候哩！

諸佛若欲示涅槃，我悉至誠而勸請，
惟願久住剎塵劫，利樂一切諸眾生。

這一段是頌第七大願——**請佛住世**的。**諸佛**兩個字，是包括所有十方三世一切的佛。一切的佛坐在菩提樹下成道，就證得了兩種大果：一種叫無上大菩提，一種叫無上大涅槃。

涅槃的解釋是不生不滅，也有說是滅度的，就是滅見思、塵沙、無明三種惑，度分段、變易兩種生死的意思。還有說是圓寂，這是取六祖說的圓明常寂照的意思。（圓明常寂照，是說心性本來是圓滿光明，真常不變的，雖然是寂然不動，卻能夠遍照一切的法界，雖然是遍照一切的法界，卻仍舊還是寂靜沒有動，這是無上涅槃的相，凡夫不懂得這種道理，就說是死了。）證得了這種涅槃妙果，才能夠隨意現生相，隨意現滅相。其實，那是生也沒有生，滅也沒有滅，總是圓明寂照的妙用。

若欲示涅槃，是說諸佛若是因為化度眾生的機緣盡了，要示現這種涅槃的相，雖然曉得一切的佛都是常住在世，沒有一尊入涅槃的，但是一現了這種相，就有一部分的眾生看不見佛、聽不到佛說法了。就像我們本師釋迦牟尼佛，明明現在還是在七寶莊嚴的靈鷲山，和諸大菩薩說種種妙法，（這是根據法華經說的，不可以起疑惑。）現在我們到印度去朝禮靈山，只看見一座荒山，哪裏還能看見佛的形像、聽到佛說法的聲音呢？所以佛現涅槃，總是眾生福薄罪重的苦，普賢菩薩大慈大悲，哀憐這些苦惱的眾生，所以，至誠懇切地周遍勸請一切諸佛不要示現涅槃的相。

第三句就是表顯明白請願的意思，求佛長久住在世界上。**剎塵劫**，是說時劫的數目要和一切世界微塵的數目（剎，就是佛剎。要把佛剎化成像微塵那麼細。時劫的長大，要像很細的微塵一樣多的劫數。一劫，是十三萬四千四百萬年，剎塵劫的長久還得了嗎？）一樣長久。

利樂就是利益、快樂。聽到了佛法，下了成佛的種子，將來一定可以了脫生死、成就佛道。所以，就是大利益、大快樂。這第四句的意思，是請求佛要使這**一切的眾生**（一切眾生，是三乘聖賢、六道凡夫都包括在裏面。）都得到成佛的大利益、大快樂。像我們這些人，還靠著前世種的善根，能夠讀著佛經，聽到各處法會裏大法師講演修淨土法門，曉得這念佛求生西方的絕妙方法，只要自己認真地修，一定能夠往生到極樂世界去，就可以永遠了脫生死，一世修到和普賢菩薩一樣的地位，這樣的利益、快樂，才真是大哩！

所有禮讚供養佛，請佛住世轉法輪，
隨喜懺悔諸善根，回向眾生及佛道。

這一段有明頌、暗頌兩種分別。明頌，是頌第十大願——**普皆回向**的。暗頌，是把第八大願——**常隨佛學**、第九大願——**恆順眾生**都包括在普皆回向裏面了。

開頭的**所有**兩個字，和第三句最後的**諸善根**三個字，是前後相應的，就是把上面的七個大願都包括在裏面。

第一句的**禮**是禮敬諸佛，**讚**是稱讚如來，**供養佛**就是廣修供養。

第二句就是**請轉法輪**、**請佛住世**的兩大願。

第三句**隨喜**就是隨喜功德，**懺悔**就是懺悔業障。這幾種都是善根，因為不是一種、兩種，所以說諸善根。

把這許多善根一齊回向，就是普皆**回向**。（普皆兩個字，就是普遍、一齊的意思。）回向一切眾生，願意他們都離苦得樂，不就是恆順眾生的願嗎？回向無上**佛道**，願意像佛的自覺、覺他，不就是常隨佛學的願嗎？

所以這八段的偈，雖然像是只頌了八願，其實是十願完全頌讚到了。偈的文句完全是普賢行願品前段的偈頌說的。

願將以此勝功德，回向無上真法界。

這兩句是**回事向理**的意思。上面的八段偈頌，完全說的事相，但是，用盡法界、虛空界的廣大心來修成的這種功德，可以說是第一、最勝。照經上說，這十大願王的功德，只有諸佛世尊可以曉得，不就是最勝的功德嗎？現在立願把這最勝的功德事相回向那無上的**一真法界**。（一是不二。真是真實，沒有虛妄。一切法都可以融通，都可以收攝，叫法界。）

一真法界就是那事法界、理法界、理事無礙法界、事事無礙法界，（這四種法界，倘若用白話來詳細解釋，是很複雜，並且不容易明白，所以不解釋了，大家只曉得這幾種名稱就好。）

這四種法界的本體，就是生佛平等的自性清淨心。心是萬法的主體，萬法都是從心生出來的。所以，心就可以稱做**法界**，沒有一法能夠超得過，所以說是**無上**。理性是真常不變，所以說是**真**。

佛經上常說**一即一切**，**一切即一**，一是**理性**，一切是**事相**。一即一切是說，從一種理性上發生出種種的事相來，這叫做因理成事。一切即一是說，所有種種的事相其實只是一種理性，這叫做回事向理。現在就是發回事向理的願心。從這一段起，一直講到懺悔文完結，都是不動法師自己做的文字。

性相佛法及僧伽，二諦融通三昧印，
如是無量功德海，我今皆悉盡回向。

這一段是回因向果的意思。**佛法及僧伽**，（僧伽是梵語，翻譯成中文，是眾多和和合兩種意思，比丘在四人以上，和合在一處，叫僧伽。）就是三寶。性的佛、法、僧伽，（佛就在自己的心性裏現出來的，法和僧伽，也都是在自己的心性裏現出來的，所以叫性的佛、法、僧伽，也就叫自性三寶。）就是**自性三寶**。相的佛、法、僧伽，就是**別相三寶**。（別相，是各種的形相，不是一樣的形相。譬如佛有法身、應身、報身的分別，菩薩以下，又有五十二種果位的分別。）

自性三寶是體，別相三寶是用，體和用是相聯的，又是融通的。性的體是真空的理性，就是真諦。相的用是妙有的事相，就是俗諦。（真諦，是聖人所見到的真實的理性，不是虛妄的，所以叫真諦。俗諦，是凡夫所見到的世俗的事相，不是真實的，所以叫俗諦。二諦，就是真諦、俗諦。）若是沒有自性三寶的真體，那別相三寶怎麼會成就呢？若沒有別相三寶的妙用，那自性三寶怎麼會顯現呢？所以體、用是不二的，體、用不二，就是**性相一如**了。（一如，是沒有兩樣的意思。）相一如，俗、真二諦自然融通無礙了。

二諦融通，就是中道第一義諦，性、相都完全顯露出來，譬如澄清的大海，所有外面一切的形相都印在海裏，這就叫**海印三昧**。（三昧是梵語，翻譯成中文是正定，離開偏邪叫正，斷絕昏沈散亂叫定。海印，是說像在大海裏印現一切的影像，譬喻佛的智慧，能安安定定、清清明明印現出一切法來。意思是妄念完全消滅，只有清淨的真心，什麼形相都一起顯現出來，和海水澄清，什麼形相都顯露現出來一樣。佛證到這種境界，叫海印三昧）這種三昧，只有佛才能夠完全證得。這是解釋前兩句偈。

第三、四句說，佛的功德無量無邊，只可以海來比喻，所以是**功德海**。我現在用至誠心回向，立誓求修成自性的無上佛道。（立誓，就是俗話的罰咒。）

所有眾生身口意，見惑彈謗我法等，
如是一切諸業障，悉皆消滅盡無餘。
念念智周於法界，廣度眾生皆不退。

這一段是回自向他的意思。**所有眾生**四個字，是包括十方三世的一切眾生說的。第一句是說，十方三世一切眾生的身、口、意三業。

見惑是從見上起的迷惑，就是十種根本煩惱。（**十種根本煩惱**：一是貪煩惱。二是瞋煩惱。三是癡煩惱。四是慢煩惱。就是驕傲的意思。五是疑煩惱，對那一切道理都有疑惑心，就會障礙信心。六是身見，就是執定了有一個我，有我的這一個身體，有了我的見解，就要生出自己和旁人的分別心來。七是邊見，就是偏在一邊的見解，或是偏在斷的一邊，或是偏在常的一邊。八是邪見，凡是種種不合正當道理的見解都是邪見。九是見取見，固執自己的見解，一定算是不錯。十是戒禁見，固執不合正理的禁戒。

後面的五種，都是違背正理的見解，五種合併攏來成一種惡見，和前面的五種，也可以叫**六大煩惱**。因為各種煩惱，都依這幾種煩惱生出來，所以叫做**根本煩惱**。第十種戒禁見，也有叫戒取見，也有叫戒禁取見，都是一樣的。

這十種煩惱在佛法大意裏面也講過，後面的五種，在阿彌陀經白話解釋裏面五濁惡世一句底下，有詳細解釋。斷，是斷見，執著一種見解：算是一個人死了，就什麼都沒有了，因果報應，都是說說的，所以儘管造罪業，也不要緊。常，是常見，執著和斷見相反的一種見解：算是一個人命裏注定的，樂的終是樂，苦的終是苦，故修善業，也不會苦轉變成樂。造惡業，也不會樂轉變成苦。）**彈謗**就是毀謗三寶。**我法**是兩種執見：我是**人我執**，執著身體裏一定有一個我，所以叫人我執。法是**法我執**，執著色、受、想、行、識五種是一定有的實法，所以叫法我執。一個等字，和下一句的**如是一切**，都是包括所有一切業障說的。

靠普賢行願的威神力，能夠使眾生無窮無盡的業障一起消滅得清清淨淨，一念一念的智慧光周遍照到一切法界，度脫無量無邊的眾生，沒有一個退失菩提心的。

乃至虛空世界盡，眾生及業煩惱盡，如是四法廣無邊，願今回向亦如是。

這一段是歸結到行願無盡的意思。第一、第二兩句是說，直要等到**虛空世界盡**、**眾生界盡**、眾生的**業**盡、眾生的**煩惱盡**，我的願心才算盡了。但是，虛空世界哪裏有窮盡呢？**眾生**就是眾生界。（就是九法界。）眾生的業、眾生的煩惱，（有眾生，就有業，就有煩惱。眾生不能夠窮盡，眾生的業和煩惱，也就不能夠窮盡。）也哪裏有窮盡呢？既然是虛空世界、眾生界、眾生的業、眾生的煩惱永遠沒有窮盡，那麼，我的願也就永遠沒有窮盡。

像這樣的**四**種**法**（就是指上面的虛空世界、眾生界、眾生的業、眾生的煩惱四種。）廣大得很，無量無邊，（就是沒有窮盡的意思。）情願現在的回向功德也是像這樣的沒有窮盡。

南無大行普賢菩薩 念三聲

預備種種供養的物品，供養無窮無盡的佛，叫**大**。種種修行方法沒有一樣不修，並且勸懇至誠，沒有一些怠惰，叫**行**。這種功行周遍在各法界，叫**普**。地位差不多和最聖的佛一樣，叫**賢**。

因為上面所發各種的大願，都是學普賢菩薩的樣，所以終了要三稱普賢菩薩的名號，皈依普賢菩薩。若是眾生能夠照普賢菩薩的大願去修，那麼，所有無間地獄的罪業可以一齊消滅，臨終的時候，一定往生到極樂世界去，而且，品位還可以很高哩！這在普賢行願品上說得明明白白，一定可以切切實實相信。

蒙山施食儀

蒙山在四川省雅州府名山縣，這座山的前面，有一個最高的山峰叫上清峰，有產甘露。（產字，和生字一樣的意思。甘露，是一種喫了不死的藥，只有天上有，也只有天上的人才喫得到，甘露又甜又香，我們人的世界是沒有的，只有四川蒙山上的上清峰，才有甘露生產。）**不動法**師就在這個地方修道，（山東省兗州府費縣西北有一座大山也叫蒙山，但是不動法師修道的蒙山，是四川省的蒙山，不是山東省的蒙山。）所以也有人稱他**甘露法師**。

法師很慈悲，心想陽間的眾生已經照前面大懺悔文的種種方法，勸導他們懺悔業障、修學佛法，但還有那些在餓鬼道裏、或是在地獄道裏很苦的眾生，也應該超度他們，使他們脫離惡道，所以就照藏經裏面（藏經，是搜集所有各種經典、各種戒法、各種講論佛法道理的書，聚在一處，像佛經的庫藏一樣，所以叫藏經。）祕密部的一種水施食法，（部字，和類字差不多的意思，藏經很多，分成各部，這祕密部，是各部裏的一部。）和救拔燄口餓鬼經等各種經典，（救拔燄口餓鬼經，是一部佛經的名稱。）編集成這一種施食的儀規，（本來喫乾的東西叫食，喫水、喫漿或是喫乳都叫飲，或是叫喝，但是這本施食儀裏面，是把喫、喝兩種都包括在這個食字裏面。儀是禮節式樣的意思。規，是規矩、法則的意思。）使後來學佛修道的人都可以依照這種儀規，去超度那些惡道裏的眾生。因為不動法師在蒙山裏修行，所以，這種施食儀規就用這座山的名稱叫做**蒙山施食儀**。

名稱雖然叫施食，但是照這種儀規做起來，所說的**財施**、**法施**、**無畏施**三種都在裏面。拿飯和水，還有別種喫的東西去供養惡道眾生，使他們喫了可以不餓、不渴，（渴，就是口乾。）這種就叫資生施。（資字，是靠託的意思，就是靠託這種喫的東西來養活性命的意思。）資生施其實就是一種財施。在施食的時候，雖然做的財施，但是，說種種法、念種種咒，使他們惡道眾生聽到了佛菩薩的名號，就皈依佛法僧三寶，並且，惡道裏的眾生，都要受極長時期的痛苦，現在雖然做的是財施，但是靠託了說法、念咒的功德，使他們可以脫離種種的業障，所以也可以說是法施。惡道裏的眾生也有被兇狠的鬼欺壓的，也有受種種冤枉的，還有在惡道裏吃苦永遠吃不完的，這種鬼都不免有一種懼怕的心，現在為了他們，念種種靈驗的神咒，使他們得到解救安慰，所以又可以叫無畏施。一個施字，大略已經講過了。

還有一個食字也要講清楚。食有兩種：一種是我們人所喫的東西。一種叫**法食**，就是念各種咒在喫的東西上面，使那些喫的東西都變過，鬼才可以喫得，（因為鬼喫東西，不過觸到這些東西的氣就算喫了，就可以飽了，就是拿東西來供佛菩薩，也要變過的，所以也要念變食咒，並且念變食咒，還可以少變多哩！一粒米可以變七粒米，變了又變，可以多到無窮無盡，連清水也可以變做甘露。）不過要發至誠懇切的心，才能夠感動那些鬼來喫，才能夠有大應驗。

這種蒙山施食雖然簡便得很，若是能夠至誠地念，能夠把我是布施的主人、惡道眾生是受我布施的、和我拿出種種的東西來布施這三種心一點都沒有，（這三種心都沒有，就叫三**輪體空**）那麼，這施食的效力可以和放燄口一樣，功德很大。

念的時候，照瑜伽集要燄口儀軌經上說，（瑜伽集要燄口儀軌經，是一部佛經的名稱。）最好在太陽落下去的時候，或是亥時，因為那個時候是諸天眾都歡喜下降的時候，容易有效驗。

先點香燭，供一碗清淨的水、一碗飯、一碗素的菜蔬，（能夠多供幾樣更好。）拜了三拜，就念下面的各種咒，每一種咒念七遍，能夠念兩個七遍、三個七遍更好，不過，變食咒和甘露咒兩種都要念七七四十九遍，能夠多念，自然越多越好。這是專門做施食時候的說法，若是平常做功課，各種咒都只念三遍也可以，不過，念完了一定要回向，那麼，惡道眾生和念的人都可以得到益處。

若人欲了知，三世一切佛，
應觀法界性，一切唯心造。

這一個偈出在華嚴經夜摩天宮品上。佛在夜摩天，有無量無邊的菩薩，各個說各種偈來讚佛，有一尊覺林菩薩，也說十個偈，這個偈就是覺林菩薩所說十個偈裏的最後一個偈。

纂靈記上說，（纂靈記，是一部講佛法的書。）有一個姓王的人，有時會不肯守戒律，也有時不肯做善事，後來生病死了，到地獄裏去，在地獄門口看見一位和尚，有人說這位和尚就是地藏菩薩，教他念這一個偈，並且告訴他：念了這一個偈，可以破滅地獄的苦。這個姓王的人就念這個偈，念完了進去見閻王，閻王問他：你有什麼功德？姓王的人說：我只不過受了這一個偈。閻王就把他放了。當這個人念的時候，他聲音所到的地方，那些受苦的鬼也都得到自由自在，不受束縛了。可見得這偈的功德效力，大到不可以說的。

第一、第二兩句是說，若是有人要明白（了字，是明白的意思。）曉得三世十方一切佛的功德法門。第三、第四兩句是說，應該要觀照現前一念裏面，所有一切法界的性，無論善的、惡的、樂的、苦的，都是從自己心裏造出來的。

譬如心裏起上品十惡業的心，就造成地獄法界。
起中品十惡業的心，就造成餓鬼法界。
起下品十惡業的心，就造成畜生法界。
起下品十善業的心，就造成阿修羅法界。
起中品十善業的心，就造成人法界。
起上品十善業的心，就造成天法界。
起厭生死求涅槃的心，就造成聲聞法界。
起因緣性空的心，（因緣性空，是說一切法都是因緣和合成的，沒有實在的體性，所以是空的。緣覺修十二因緣，就是要明白一切因緣都是性空的道理，才修成緣覺的。）就造成緣覺法界。

起六度的心，就造成菩薩法界。

起清淨平等的心，就造成佛法界。

這些不會錯的，因為一切的境界都是自己的心裏現出來的。照事相說，有四種土的分別。（四種土，就是凡聖同居土、方便有餘土、實報莊嚴土、常寂光土，在佛法大意裏面都詳細講過。）若是就理性講，那就四種土也都是一樣的。

我們這個娑婆世界，在我們看起來，是這樣的苦，這樣的污穢。

若是聲聞、緣覺到這裏看起來，就是方便有餘土，不是我們看的五濁惡世。

若是菩薩到這裏看起來，就是實報莊嚴土，又不是聲聞、緣覺所看的樣子了。

若是佛到這裏看起來，就是常寂光土，又不是菩薩所看的樣子了。又聲聞、緣覺看起來的方便有餘土，若是菩薩看起來，就是實報莊嚴土。

佛看出方便有餘土、實報莊嚴土來，就都是常寂光土。

大家不要不相信這一句一切唯心造的話，譬如看月光和聽吹笛的聲音，心快樂的人看了、聽了，會覺得這個月光、這個笛聲都是很有趣味的。心裏憂愁的人看了、聽了，就會覺得這個月光、這個笛聲，都很淒涼。這隨便什麼人都極容易試驗，所以這一切唯心造的一句話，實在是的的確確，一點也沒錯，只有佛菩薩能夠說得出來，除了佛菩薩，哪個能夠說出這句話來呢？這一句話的道理看起來像很淺，其實是很深的。

從這個偈起，一直到心經前面的一個普供養真言，每一個偈或是一個咒，都要連念三遍。

唵。伽囉帝耶娑婆訶

這個**破地獄真言**，（真言，就是咒，是因為從真實大悲心裏發出來的，所以叫真言。）出在救拔燄口餓鬼陀羅尼經上的（這是一部佛經的名稱。）念了這種咒，地獄就可以開，因為各種法界既然都是心裏造出來的，那麼，心能夠造地獄，心也就能夠破地獄了，這是一定的道理。

念這個咒的時候，一面要觀照，一面要想念，（觀照地獄種種的苦趣，想念地獄裏的眾生受種種的苦。）一個、一個字都從真心裏流出來，就能夠感動諸佛的威力光明，普遍照到十方世界的地獄裏，並且，地獄裏的眾生也都可以聽到那念咒的聲音，那麼，十方世界的地獄都可以變為清淨法界，在各種地獄裏的眾生，也就可以趁這種佛光和咒的聲音，各個都得到解脫，都從地獄裏出來領受這種布施。

講到地獄的種類，很多很多，說不盡的，可以請一部地藏經來看看，就可以大概曉得了。照事相講起來，地獄是眾生造了業應該受的苦報，怎麼能夠破滅呢？要曉得，講起理性來，萬法都是一心所造，把智慧光照起來，眾生尚且都沒有，哪裏有什麼地獄？眾生都因為有了迷惑的妄心，就妄造了種種的惡業。惡業成熟了，就妄成了種種地獄。墮到地獄裏去，就妄受種種的苦。譬如夢裏被虎狼所咬，或是被盜賊所害，受種種的苦，等到夢醒了，什麼也沒有，但是在夢裏的時候，的確是很苦的。我們這種凡夫，現在都是在夢裏沒有醒的人，怎麼會不覺得苦呢？

南無部部帝利伽哩哆哩。怛哆誐哆耶

這是**普召請眞言**。（普字，是普遍的意思。召字和請字差不多。）念了上面的咒，地獄已經破了，地獄裏的眾生都得到了解脫，都可以到道場來了。但是，不動法師的心慈悲得很，還恐怕地獄裏的鬼不能夠一齊都來，所以再念這種咒，把所有六道裏的眾生，普遍地召請他們來，希望一個都不漏掉，這種心念多麼平等啊！

念的時候，應該觀想十方世界三途六道一切眾生都得到佛的威力光明，一齊都來了。用這種至誠懇切的心，那麼，效驗很大，鬼就沒有一個不來了。

唵。三陀囉伽陀娑婆訶

ㄢ ㄙㄢ ㄊㄨㄛˊ ㄌㄚˋ ㄑㄧㄝˊ ㄊㄨㄛˊ ㄙㄨㄛ ㄆㄛˊ ㄏㄜ

這是**解冤結眞言**。已經念了上面的兩種咒，六道裏的鬼都來了，不過，鬼從無始到現在，所有怨仇結得很深的冤家多到無量無邊，那些兇狠的鬼，就要欺懦弱的鬼，或是大的欺小的，或是大家碰到了，生出各種發火煩惱的心來，種種障礙說不定都會生出來。所以，再念這種解冤結的咒。

念的時候，要觀想六道眾生，各個仗佛的威力和咒的神力，把從前無始到現在所有的怨仇一齊消滅清淨，大家都歡歡喜喜，變成很和氣的同伴，都到這道場來。

南無大方廣佛華嚴經

所有的佛經，和講論佛法的書，總共分做三藏十二部，（三藏，在阿彌陀經白話解釋裏姚秦三藏法師鳩摩羅什譯的一句底下。十二部，在朝課裏三皈依最後，都已經詳細講過。）這大方廣佛華嚴經就是十二部經裏的第十一部。

現在把這個大方廣佛華嚴經的經題大略的解釋一遍：（**大**字、**佛**字，和朝課裏面大佛頂首楞嚴神咒的大字、佛字，意思是一樣的，在朝課裏已經詳細解釋過，這裏不再多講。）**方**字是不偏的意思，真實的道理方正不偏，所以叫方。各種經的文字多，或是義理多，都可以叫做**廣**。**方廣**兩個字合併起來，又是各種大乘經的總名。

又**大**是自心的體，可以包含虛空，周遍法界，所說的豎窮三世，橫遍十方，（時代是從起初一直下來的，所以叫**豎**。地方是從近到遠一直推開去的，所以叫**橫**。窮字，是從前之前，還有從前。後來之後，還有後來。真要推到盡頭，所以叫**窮**，其實就是**盡**的意思。徧，是周遍的意思，十方都到那盡頭的地方，不能夠再推開出去的意思。）真是大到沒有限制的。**方**是自心的相，這個方不是方圓的方，是十方的方，說這個自心的相，也是大到豎窮橫遍的。**廣**是自心的用，一念向惡，就是三惡道的苦因，一念向善，就是三善道的樂因，所以，自心的作用也是豎窮橫遍的。佛是說寂照圓融，（寂，是寂靜。雖然寂靜，但是仍舊能夠觀照一切。又雖然觀照一切，但是仍舊寂然不動。寂靜和觀照，雖然是相反的，但是各不妨礙，所以叫寂照圓融。）萬法洞徹。（洞，是空的、沒有阻隔的，就是明白的意思。徹，是透徹，是到底的意思，就是明白到底，沒有一些不明白的意思。這四個字是說，佛沒有一種法不明白透徹的。）又大方廣是所證的法，佛是能證的人，**大方廣佛**是證得大方廣的道理的佛。

華嚴兩個字是譬喻，**華**字是說，佛在因地所修的萬行，（因，是因果的因，就是修成佛的因。地，是地位。因地，是說在修佛因時候的地位。）像華一樣的光明淨妙，其實這個華就是譬喻修德。佛把這種像華一樣的修德來莊嚴果地，（果字，就是因果的果。果地，是已經結成了佛果的地位。）佛在果地上所具足的萬德，也像華一樣的光明淨妙，佛又把這種具足的萬德來莊**嚴**法身，所以叫**華嚴**。

又這部華嚴經是釋迦牟尼佛說法第一個時期說的，佛現出圓滿報身放光加被諸大菩薩，說種種深妙的真實道理。諸大菩薩也各個仗了佛的威神力說種種法。所以見到、聽到、念誦到這部華嚴經，就有無量無邊的功德，也就可以得到無窮無盡的利益，六道裏的眾生聽到了，就可以脫離苦惱。這裏所以加這一句經題的意思，就是代表全部經的，因為六道眾生，前面都已經召到了，要他們聽到一些佛法，並且要教他們皈依三寶，所以，特地加這一句經題，因為這一句經題具足三寶，所以皈依這一句經題，就是皈依了三寶。

●南無常住十方佛。南無常住十方法。南無常住十方僧。

上面皈依大方廣佛華嚴經，是已經皈依了總相三寶，這裏是奉請十方世界的**別相三寶**，（上面大方廣佛華嚴經，在一句裏，佛法僧三寶都完全了，所以叫總相三寶。這裏佛法僧三寶分了三句，是一句裏只有一寶，所以叫別相三寶。）雖然只說了十方，其實三世也包括在裏面了。這三句的解釋，和朝課裏面楞嚴咒前面偈裏的三句一樣，這裏不再說明。

南無本師釋迦牟尼佛

釋迦兩個字本來是佛的姓，出家人不像在家人有子孫，所以，出家人就把徒弟做子孫。凡是出家人，都是釋迦牟尼佛的徒弟，就都是釋迦牟尼佛的子孫，所以出家人都姓**釋迦**，就是用釋迦牟尼佛的姓來當做自己的姓，不過後來大家說得簡便些，所以只用一個**釋**字。

釋迦牟尼佛是我們娑婆世界的教主，凡是皈依佛的人，無論出家的、在家的，都一定認釋迦牟尼佛做師父，所以稱做**本師**。並且，因為是我們這個世界上的教主，所以不論什麼事情，凡是要求到佛的，就不能夠不請。（釋迦牟尼佛的詳細情形，和這幾個字的詳細解釋，在阿彌陀經白話解釋裏面「佛說阿彌陀經」一句底下都講得很明白。）

南無大悲觀世音菩薩

ㄋㄚˊ ㄇㄛˊ ㄉㄚˋ ㄅㄟ ㄍㄨㄢ ㄕˋ ㄧㄣ ㄆㄨˊ ㄙㄚˋ

悲字是拔去苦惱的意思，**世音**是九界眾生的聲音。（九界，是十界裏面除去佛界。）觀世音菩薩專門發懇切的悲心來觀察九界裏的一切苦惱眾生，只要聽到眾生苦惱的聲音，觀世音菩薩就尋求這個聲音來救度他們，所以稱做觀世音，因為觀世音菩薩的悲心最切，所以稱大悲觀世音菩薩。

還有，上面的變食真言雖然是釋迦牟尼佛說的，但是在長久的劫前，釋迦牟尼佛還沒有成佛的時候，這種咒還是觀世音菩薩在威德自在光明王如來那，聽到了教釋迦牟尼佛的，有這兩種緣故，所以觀世音菩薩也不能夠不請。（觀世音菩薩的德號，在心經白話解釋裏面有詳細解釋。）

南無冥陽救苦地藏王菩薩

地是能夠生出各種東西來，譬喻菩薩的能夠救眾生。**藏**是可以包藏種種寶貝，譬喻菩薩的多種功德智慧。地藏王菩薩發過眾生沒有度盡，不願成佛的大誓願，所以，地藏王菩薩雖然經過無量大劫，教化無量的弟子都成了佛，但是，菩薩自己因為眾生沒有度盡，情願住在菩薩的位上，不願成佛——一天不度盡眾生，就一天不成佛。一劫不度盡眾生，就一劫不成佛。無量無邊劫不度盡眾生，就無量無邊劫不成佛。地藏菩薩的願力這樣的大，這樣的切，還有能夠勝過這位菩薩的嗎？

因為專門救度冥界的眾生，（冥字，就是俗語說的陰間，凡是地獄、餓鬼、畜生，都歸冥界。）使得他們完全脫離惡道。還要專門救度沒有到冥界的眾生，（凡是沒有到冥界的眾生，就是陽界的眾生，天、人、阿修羅都歸陽界。）使他們一概不墮落到惡道裏去，所以稱冥陽救苦地藏王菩薩。現在既然是專門救度六道眾生，那麼，地藏王菩薩自然不能夠不請。

南無啟教阿難陀尊者

救拔燄口餓鬼陀羅尼經上說：（救拔燄品餓鬼陀羅尼經，是一部佛經的名稱。）觀世音菩薩有一天看見阿難陀在入定的時候，（阿難陀三個字的解釋和他的事實，在阿彌陀經白話解釋長老舍利佛一節裏面有詳細說明。）觀世音菩薩化成餓鬼，向阿難陀說：三天後，你就要墮落到餓鬼道。阿難陀問：用什麼方法可以免得墮落？觀世音菩薩化的餓鬼說：你明天若是能夠布施百千那由他恆河沙數的餓鬼，（那由他恆河沙，和下面的無量無邊，都是極大數目的名稱。）和無量婆羅門仙等，（俗話的仙人，在佛法裏，也歸在鬼道裏。婆羅門仙，是一種仙人。婆羅門本來是梵語，翻譯成中文是淨行，就是清淨的修行，也叫淨志，是印度國四個大族裏最尊貴的一族，專門奉事大梵天、修淨行的一個大族。）用摩竭陀國所用的那種斛，（摩竭陀國，是中印度的一個國名，佛常常說法的地方叫王舍城，就在這個國裏。）布施一斛的飯食，還要替我供養三寶，使我可以脫離餓鬼的苦，生到天上去。

那麼，你就可以添加壽數了。阿難陀聽了這些話，就把碰到餓鬼的事情告訴釋迦牟尼佛，佛說：你不要驚嚇！我在過去無量劫前做婆羅門的時候，在觀世音菩薩前受過無量威德自在光明如來陀羅尼法，（這個法就是變食真言。）我告訴你，若是念這個咒七遍，能夠使少許的食變做無量數的食，並且，都會變成甘露上妙的味，（上，是上等。上妙，是稱讚甘露的味好。）就能夠滿足無量無邊那由他數的餓鬼和婆羅門仙等種種鬼神，（一個人沒有大罪業，死了過後，精神沒有散開，可以不墮落到惡道裏去，聖人、賢人就成了神，平常的人就成了鬼。）各個得到摩竭陀斛的食，就都能夠證到聖果，或是生到淨土去，那麼，你就可以添加壽數了。

佛說完這些話，就把這咒教給阿難陀，這種祕密的變食真言，就因為有這麼一個因緣而傳下來。這個真言是阿難陀請佛說的，所以稱啟教阿難陀尊者。（**啟**，是開的意思，也有請的意思，**啟教**是請佛教授的意思。**阿難陀**是阿羅漢，稱他**尊者**，是尊重恭敬的意思，凡是稱阿羅漢，都是稱尊者。）這裏所以奉請阿難陀，就為了這個緣故。

● 皈依佛，皈依法，皈依僧。皈依佛，兩足尊。

皈依法，離欲尊。皈依僧，眾中尊。

皈依佛竟，皈依法竟，皈依僧竟。

三寶已經請到了，應該要教召來的六道眾生都來皈依法寶，希望他們可以脫離惡道。**兩足**是福德和智慧兩種都滿足的意思。佛是福、慧都滿足的，所以稱兩足尊，尊是尊貴的意思。

離欲是離開情慾的意思，情慾是生死的根本，有了情慾才有生，有了生就有死。所以，情慾一定要離開，離開了情慾，就可以了脫生死。

眾中尊是在眾人裏最尊貴的意思，因為佛法全靠僧來傳播，可以利益眾生，所以僧稱做眾中尊。

竟字是了畢、圓滿的意思。

念的時候，要觀想一切六道眾生，各個都是至誠懇切地皈依三寶。這個三皈依，念三遍，就要拜三拜。

● 有情
佛子所造諸惡業，皆由無始貪瞋癡，
孤魂

從身語意之所生，一切佛子皆懺悔。
有情
孤魂

前面已經教六道眾生都皈依三寶，既經皈依了三寶，就應該要在三寶前懺悔自己的業障。自己從無始到現在，所積的業障無量無邊，不可計算，華嚴經行願品上說：若此惡業有體相，盡虛空界不能盡受。意思是說：若是這種惡業有實體形相，那眾生所造無量無邊的惡業，不曉得有多大哩！就是盡這個虛空界也容不下這樣多、這樣大的惡業，這還得了嗎？還可以不趕緊懺悔嗎？若是再不求懺悔，哪裏還有脫離惡道的一天呢？所以又替他們求懺悔。

這四句都是懺悔業障的意思，在大懺悔文後面的偈裏已經明白講過，不過，那個偈裏第一句的我昔，和第四句的我今，這裏都改作佛子、有情、孤魂罷了。（興慈老法師說：這是代替鬼懺悔，要鬼跟了一同念，所以不如仍舊照普賢行願品用我昔、我今四個字，不必用佛子、有情、孤魂三種名稱。）**佛子**是佛的兒子的意思，佛最慈悲，看眾生都像自己的兒子一樣，所以，受過戒的眾生都可以稱佛子。又眾生都有佛性，都有成佛的根機，所以稱佛子。**諸惡業**是身三業、口四業、意三業都包括在裏面，不過，一個人所造的身、口兩種業，其實還是從貪、瞋、癡三種意業上生出來的，所以說**所造諸惡業**，**皆由無始貪瞋癡**。因為這種貪、瞋、癡的惡習氣是從無始劫起一直有的，（無始劫是極古的時代，沒有數字可以計算之前。）並且種種惡業沒有不是從身、口、意三種上生出來的，所以說從**身語意**之所生。（語業，就是口業。這一句的意思是說，從身業、口業、意業上所生出來的種種惡業。）

有情是凡有知覺的都可以稱作的。佛子、有情兩種，其實就是六道眾生。**孤魂**大概是稱三惡道的，因為孤魂是單獨的一個鬼魂，沒有家族、親戚等親近人陪伴他，一些沒有依靠的，所以叫孤魂。這種鬼是活在世界上的時候造了惡業，所以，死了就受這種孤苦的報應，若是現在對三寶發心懺悔，就可以把惡業消滅。

念的時候，要觀想一切眾生，從無始到現在所造的種種業障，因為誠心懺悔，完全滅除淨盡。（這裏拿有情、佛子、孤魂三種偈併在一行裏，成了三排，這是節省位置的意思，若不是這樣並排成一行，就要變成三行，多佔位置了，但是念起來，還是要把佛子所造諸惡業、有情所造諸惡業、孤魂所造諸惡業分開各念一遍，每遍四句，總共分成十二句。下面的神咒加持淨法食和汝等佛子眾兩處的偈，也都要這樣念。）

● 眾生無邊誓願度，煩惱無盡誓願斷，法門無量誓願學，佛道無上誓願成。

上面已經把從無始到現在所造的種種惡業懺悔了，就應該要發大願心，這四句就是發的四種大誓願，叫做**四宏誓願**。（宏，就是大的意思，這四宏誓願是出在止觀大意上的。止觀大意，是一部講佛法的書名。）

第一句的意思是說，眾生怎麼樣有的呢？都是五陰和四大和合成的，既然有了這五陰、四大和合成的身體，就有三苦、八苦的逼迫，（三苦、八苦，在心經白話解釋度一切苦厄一句底下詳細講過。）所以，眾生無量無邊的多，眾生的苦也就無量無邊的多。眾生雖然無量無邊的多，我誓願一齊救度他們。

第二句的意思是說，眾生時時刻刻的妄想不斷，煩惱也就時時刻刻的不斷，（煩惱，就是見思、塵沙、無明三種惑。**見思**，是六道眾生的煩惱。**塵**

沙，是二乘的煩惱。**無明**，是菩薩的微細煩惱。這三種惑，在佛法大意裏面有詳細解釋。）所以叫**煩惱**無窮**無盡**。煩惱雖然無窮無盡，我**誓願**修到一齊**斷**盡。

第三句的意思是說，九法界眾生的根機，利的、鈍的各個不同，佛所說的修行法門完全是對眾生的根機說的，眾生的根機既然不同，所以，佛的說法也各個不同。佛的法門無量，我的誓願也無量，雖然法門無量，我誓願一齊要學。

第四句的意思是說，佛的道理最高、最妙，沒有比佛再高妙的，佛修到三惑清淨，證到三德圓滿，（三德，是法身德、般若德、解脫德，在佛法大意裏面講得很詳細。）我的誓願，就是要修成佛，就是要和佛一樣，也要修到三惑清淨、三德圓滿。

這四種大誓願是菩薩所修的，現在要六道眾生也都發這樣的大誓願，大家都可以成佛。所以念的時候，就要觀想度眾生、斷煩惱、學修法、成佛道的種種情形。這樣，功德就很大了。這四句是就事相上說的，下面四句是就理性上說的。

自性眾生誓願度，自性煩惱誓願斷，自性法門誓願學，自性佛道誓願成。

無論什麼事情、什麼境界，都是從自己的心裏發現出來的，就像上面所說的一切唯心造。眾生的心本來是包含一切，十法界都在這個心裏面，心清淨覺悟就是**四聖法界**，（四聖是佛、菩薩、緣覺、聲聞。）心污濁昏迷就是六凡法界。（六凡是天、人、阿修羅、畜生、餓鬼、地獄。）心量本來大到可以包含虛空界，無論佛、眾生，沒有一樣不在這心裏面。所以說，眾生、煩惱、法門、佛道，都是自性裏本來有的作用。

不過心的作用雖然有清淨覺悟、污濁昏迷的分別，但是心的本體其實是不變動的。譬如一面玻璃鏡子，雖然種種的形象現出來各個不同，但是鏡子的本體從來沒有變動過。所以，墮落在惡道的眾生，若是能夠一念覺悟，他們的清淨本性發現出來，那麼眾生和佛原來是平等的，原來是沒有什麼高下的，原來也沒有什麼叫眾生的，還有什麼度不度呢？

清淨本性都發現了出來，還有什麼煩惱呢？煩惱既然本來沒有，還有什麼斷不斷呢？所以，要修學種種法門，就是為了要斷惑證真，（證真，就是證到真如實相。真，是真實。如，是常住不變。真如實相，是真實的相，不是虛妄的相，在佛法大意裏面有詳細解釋。）

現在講到自性既然本來是清淨的、真實的，沒有迷惑的，那麼還有什麼要修學呢？自性既然是真實的，那麼眾生和佛不就是一樣的嗎？心、佛、眾生既然本來是一樣的，（因為佛就是我心裏的佛，眾生也就是我心裏的眾生，既然都是我自己心裏的，那就當然是一樣的。）那麼眾生就是佛了，還有什麼成佛不成佛的分別呢？

所以，照事相講，眾生和佛是天差地遠的。若照理性講，只要眾生能夠覺悟，就和佛是同體的、不二的。這誓願雖說四種，其實只有一件，就是這一個心能夠清淨覺悟，不用說這四誓願，哪怕多少誓願，都完全可以做到。

唵。鉢囉末鄰陀寧娑婆訶。

ㄢ　ㄅㄛ　ㄌㄚˋ　ㄇㄛˋ　ㄌㄣˊ　ㄊㄨㄛˊ　ㄋㄥˊ　ㄙㄨㄛ　ㄆㄨㄛˊ　ㄏㄜ

這是**滅定業眞言**，是地藏王菩薩說的。業有兩種：一種叫**定業**，就是所造很重的業，一定要受報應，這種業很不容易懺悔。一種叫**不定業**，就是所造的業輕重不定，懺悔也容易。要曉得，不論是定業、不定業，罪業都是從迷惑造成的，迷惑沒有實體，不是自性本來有的，只要智慧光一發，迷惑就完全消滅。念這個咒，智慧光就全發出來。所以，不僅是不定業可以懺悔，就是一定要受報應的定業也可以懺悔清淨。

施食儀軌上說：（施食儀軌，是一部講施食方法的佛書。）罪性本空由心造，心若滅時罪亦亡。罪亡心滅兩俱空，是則名為真懺悔。這幾句的意思是說，罪業本來沒有實體，本來是空的，都是從這個妄心造出來的，妄心一天不滅，造罪就一日不停。所以，只要懺悔這個心，把這個妄心滅除，妄心一滅，就不會再造罪了，不再造罪，罪也就滅了。罪既然滅了，罪也就是空了。罪滅了，罪就空，心滅了，心就空，所以叫**兩俱空**。（兩俱空，就是罪和心兩樣都空了。）這是各種懺悔方法裏，最高、最切的功夫，所以叫真懺悔。能夠這樣的懺悔，那就不要說不定業了，就是定業也沒有不滅除清淨的。

這個咒的效驗有這樣的大，所以念的時候，一定要觀想：一切眾生，從無始到現在，所有的種種罪業，完全都消滅淨盡。

唵。阿囉勒繼娑婆訶。

（ㄢ ㄚ ㄌㄨㄛˊ ㄌㄜˋ ㄐㄧˋ ㄙㄨㄛ ㄆㄛˊ ㄏㄜ）

這是**滅業障眞言**，是觀世音菩薩說的。前面一個咒是破定業的，是就理一邊說的。這個咒是破不定業的，是就事相一邊說的。事和理，互相融通表顯，各個沒有障礙，這才是真的懺悔。所以念了這個咒，所有一切的業障都可以破除清淨。

念的時候應該要觀想：我自己為了眾生誠心念這種咒，把眾生的種種業障都消滅清淨。能夠這樣的觀想，那就格外有效驗了。

唵(ㄢ)。步(ㄅㄨˋ)步(ㄅㄨˋ)底(ㄉㄧ)哩(ㄌㄧ)伽(ㄑㄧㄝˊ)哆(ㄉㄨㄛ)哩(ㄌㄧ)。怛(ㄉㄚˊ)哆(ㄉㄨㄛ)誐(ㄧㄝˊ)哆(ㄉㄨㄛ)耶(ㄧㄝˊ)。

這是**滅障礙開咽喉眞言**。（這一個真言，出在什麼經上，是哪一尊佛菩薩說的，都沒有考查出來。）咽喉是咽東西下去的喉管，所以叫咽喉。餓鬼的身體很大，但他們的咽喉卻很小，像一根針那樣細，所以，不論什麼東西都咽不下去。這是在陽世的時候，器量狹小，一點也不肯布施，所以，得到這樣的苦報應。他們永遠聽不到水漿的名稱，不要說喝到了，就是給他們水喝，他們看上去，也都變化成膿血，不能夠喝下去，或是到了口裏都變成火來燒他們，所以，永遠受餓、受渴。

從前目犍連尊者用他的天眼，（目犍連尊者是阿羅漢，有慧眼的，凡是有慧眼的，當然有天眼了。天眼和慧眼在阿彌陀經白話解釋裏面常以清旦一節底和佛法大意裏面，都有詳細解釋。）看見他的母親墮落在餓鬼道，就拿了一鉢飯給他的母親喫，他的母親拿飯來喫，哪裏曉得飯還沒有到她口裏，都變成了火炭，目犍連尊者看見了，心裏很難過，就哭求釋迦牟尼佛救他的母親，佛說：你的母親業造得太重，你雖然很孝順，感動到天地神祇，（天上的神叫靈，地下的神叫祇。）但是，你一個人的力量還不能夠救度你的母親，就是天地神祇雖然感動你的孝心，但是也沒有力量救度，你必須要仗十方眾僧威神的力，做大佛事，好好的供養眾僧，你的母親才能夠脫離這餓鬼道。目犍連尊者聽了佛的指導，就照樣去做，他的母親才出了餓鬼地獄。

現在，六道眾生雖然仗種種神咒召請來了，但是，這種餓鬼的咽喉不讓他們開，所施的食，還是不能夠咽下去，所以必須要念這種神咒，使他們的咽喉可以放大。

念的時候左手向上，觀想自己手托蓮華，華裏有白色的甘露水流出來，這水非常清涼，周遍地灑在虛空裏，一切的餓鬼都能喝到這種水，那麼針一樣細的咽喉就開得很大，所施的食物都可咽得下，業火也停止不燒，（業火，這火是業造出來的，並不是水火的火，所以叫業火。）全身覺得清涼受用。

唵。三昧耶。薩埵鋑。

這是**受戒**的咒，出在瑜伽集要救阿難陀羅尼燄口儀軌經。（這是一部佛經的名稱，簡單說起來，就叫瑜伽集要陀羅尼經。）這種戒是大乘戒，必定先要懺除罪業，才可以受得。所以，先要念前面的滅罪真言，使得六道眾生的罪業完全消滅清淨，再接上去念這一種受戒的咒。

緣起經上說，（緣起經，是一部佛經的名稱。）若是要受持這種施食法，應該要發菩提心，把這三昧耶戒教授這些六道眾生。因為這種戒在密宗裏面說起來，是最初受戒的一種戒法，所以，受了這種戒，就得到了成佛的種子。施餓鬼經上說，（施餓鬼經，是一部佛經的名稱。）念三遍咒，一切鬼神就都聽到很深的祕密法門，就都得到具足的三昧耶戒法和無量的福德，才可以說是真正的佛子。

念的時候，要觀想一切六道眾生都受到這種三昧寶戒，心意都完全清淨了，身體都完全解脫了。

● 南無薩縛怛他誐哆。縛嚕枳帝。

唵。三跋囉。三跋囉。吽。

這是**變食眞言**，就是前面講過的阿難請釋迦牟尼佛說的咒，也出在瑜伽集要陀羅尼經上。念這個咒，一粒米可以變出七粒米，又從這七粒米，各個一粒變做七粒，七粒再變，慢慢的就變成了七斛，（這種斛，就是上面說過的摩竭陀國所用的斛。）又變成了七七四十九斛，越變越多，可以多到充滿虛空界，沒有窮盡。而且，這種米也是圓融無礙的，雖然充滿在虛空裏，但是和一旁的各種東西一點也沒有妨礙。十方世界裏，六道眾生是無窮無盡的多，不是這樣的變，哪裏夠無窮無盡的六道眾生喫呢？這一種咒，和下面一種咒，比起蒙山來，念得越多越好，最少也要念到二十一遍，那麼，六道眾生各個得到七七四十九斛的食，大家喫好了，就都能夠生到天上去，或是生到淨土去。

● **南無蘇嚕婆耶。怛他誐哆耶。怛姪他。**
唵。蘇嚕蘇嚕。鉢囉蘇嚕。鉢囉蘇嚕。娑婆訶。

這是**甘露水眞言**，是妙色身如來說的施甘露法的咒，也出在瑜伽集要陀羅尼經上。念了這個咒，所供的清水就變成了甘露，並且，可以變到無窮無盡的多，像海水一樣的多。餓鬼喝別種水下去都會變成火，只有喝到念過這種咒的水，不但是不會變成火，鬼道的眾生本來都被業火燒得很苦，現在把念了這種咒的水施給他們喝，就可以潑滅他們的業火，還能使他們脫離煩惱，永遠得到清涼快樂，所以，施水也是很要緊的事情。

施餓鬼經上說，念這種咒七遍，能夠使平常的水變成像乳一樣顏色的甘露，能夠使一切餓鬼的咽喉都開大，就可以喫所施的種種食品了。所以，喝了這種念了咒的水，不但不渴，還可以不餓，你們看這種咒的功效大不大呢？

唵ㄢ。鍐ㄨㄢ。鍐ㄨㄢ。鍐ㄨㄢ。鍐ㄨㄢ。鍐ㄨㄢ。

這是一**字水輪咒**，也是出施餓鬼經上的。念了這個咒，不但是水變得更加清淨，還可以變成像八功德水一樣。（八功德水，是有八種好處的水，哪八種好處？在阿彌陀經白話解釋裏有七寶池一節底下有詳細解釋。）六道裏的眾生喝了念過這種咒的水，都會覺得水的味道很清淨，身體很快樂，而且可以稱心滿意，不會嫌水少，水的味道也都像甘露一樣的好。

南ㄋㄚ無ㄇㄛ三ㄙㄢ滿ㄇㄢ哆ㄉㄨㄛ。沒ㄇㄛ馱ㄊㄨㄛ喃ㄋㄢ。唵ㄢ。鍐ㄨㄢ。

這咒也出在瑜伽集要陀羅尼經上。施餓鬼經上說，前面一字水輪咒是使水變成像乳一樣。這個咒，不但是使水變成白色，像乳一樣，並且所供的各種東西，不論是水漿或食品，都可變成白色的乳，所以這個咒也叫做**乳海眞言**。（乳海，是因為各種供的東西都變成像乳一樣，用一個海字，是形容乳的多。）那麼，這乳海真言比一字水輪咒更加廣大了。

雲棲補注上說：（雲棲補注，是一部講佛法的書名。）上面種種的咒，雖然都能變各種食品，但是沒有融通到一個樣子，恐怕這些業重的眾生還有什麼障礙，所以再加念這個咒，使得種種食品都像乳海，普遍地施給一切眾生，使得他們的身心都可以飽滿。

有人問道：食品是專門養身體的，怎麼會使心也飽滿呢？我道：食品固然只能夠養身體，但是，這種食品都加持了各種有大威神力的咒，那麼，雖然是尋常的食品，其實都已經變成法喜禪悅的食了，（**法喜食**，是聽到了佛法，心歡喜，善根漸漸地增長起來，滋養他的慧命。禪悅食，是用了禪定功夫，自然有輕安寂靜的妙味養他的身心，使得身心都安樂得很。這兩種名目都出在法華經弟子授記品裏面。慧命，是法身的壽命，因為法身是把智慧當做壽命的，所以叫慧命。）所以，不但是可以養身，還可以養心哩！六道眾生喝了，身體不但覺得舒服，就是心裏也覺得清淨快樂，沒有什麼苦惱了。

南無多寶如來。南無寶勝如來。南無妙色身如來。

南無廣博身如來。南無離怖畏如來。

南無甘露王如來。南無阿彌陀如來。

多寶是許多寶貝的意思，這一尊佛就是東方寶淨世界的佛。佛說法華經的時候，這尊佛必定在說法的佛面前現身的，聽到了這尊佛的名號，能夠得著智慧的寶，還可以得著種種的財寶，心裏要什麼就有什麼，可以受用不盡。

寶勝是寶貝裏最好的意思，這一尊佛就是南方的寶生佛。聽到了這尊佛的名號，能夠把生死煩惱和世間一切的業火完全消滅清淨。

妙色身是身體的形相很好的意思，這一尊佛就是東方妙喜世界的阿閦鞞佛。聽到了這尊佛的名號，就不會生醜惡的相貌，六根都端正威嚴，不論在天上、在世界上都是第一，並且能夠永遠離開三途八難的苦，做佛的清淨弟子。

廣博身是身大心寬的意思，（博字，是大和多的意思。）這一尊佛，照祕藏記本上說，（祕藏記本，是一部講佛法的書名。）就是毗盧遮那佛，也就是釋迦牟尼佛了。（釋迦牟尼佛，就是毗盧遮那佛。）聽到了這尊佛的名號，能夠消除業火，得著清涼無礙的身體，餓鬼的咽喉也就能夠放大、放寬，喫到施的種種食品都有甘露的好味。

離怖畏如來，（怖字，是驚嚇的意思。）照祕藏記本上說，也就是釋迦牟尼佛，住在六道四生界裏，（四生，在朝課裏面四生九有一句底下有詳細解釋。）替一切眾生做種種利益他們的事業，沒有一些怖畏。聽到了這尊佛的名號，一切驚嚇懼怕的心思事情都能夠離開，常常得著清涼快樂。

甘露王如來，照胎藏曼陀羅大鈔上說，（胎藏曼陀羅大鈔，是一部講佛法的書名。）就是阿彌陀佛，阿彌陀佛的咒叫甘露咒，所以阿彌陀佛就稱做甘露王如來。聽到了這一尊佛的名號，不但是能夠得到甘露法味，（法味，是佛法的味，就是聽到佛法。甘露法味，是譬喻佛法的妙像甘露的甜一樣。）永遠得到快樂，並且可以生到西方極樂世界去，跳脫生生死死的苦惱。

凡是說到許多佛的名號，總是**阿彌陀佛**做結束的，就是勸人往生西方的意思。

這七尊佛，都是古佛，念的時候，應該要想自己念佛的聲音，可以使六道眾生普遍聽入耳根裏，下了成佛的種子，就永遠脫離種種的煩惱，免除三途的苦報，得到種種的快樂，證到無上菩提。所以，功效是大得不得了的。涅槃經上說，聽到常住二個字，就可以永遠不墮地獄，何況聽到七尊佛的萬德洪名呢？（洪字，是大的意思。）華嚴經上說，若是聽到如來的名號和佛所說的法，哪怕不能夠生起信心來，也能夠薰成佛種，（薰字，是拿來譬喻的，耳裏常常聽到佛號，像常常拿香來薰一樣，薰久了，香味自然會染牢不退。）將來自然有一天能夠成佛。現在聽到七尊佛的名號，那功德利益真是大到不可思議。

神咒加持淨法食，普施河沙眾佛子。
法施食　甘露水
有情　孤魂

願皆飽滿捨慳貪，速脫幽冥生淨土。

皈依三寶發菩提，究竟得成無上道，

功德無邊盡未來，一切佛子同法食。
有情　孤魂

這是一個**發願偈**，說施食的利益。**神咒**是說上面變食、變水的各種咒。**持**字就是念的意思。**淨法食**是清淨的法食。在種種的食品上面加持了各種有神通的咒，所以叫做法食。並且因為加持了神咒，那些食品也變得很清淨，所以叫淨法食。**法施食**是所施的種種食品不是尋常的，是加持過神咒的食品，所以說是法施食。所施的水，本來是尋常的水，也因為加持了神咒，就是尋常的水也都變成**甘露水**。**河沙**就是恆河裏的沙，是多的意思。**捨**字是放棄的意思。**慳**字是捨不得自己的東西，器量小的意思。**貪**字是喜歡旁人的東西。

這八句偈的意思是說，這種很靈驗的咒，念在那些清淨的食品上面，普遍地施給無窮無盡的六道鬼魂，情願他們喫得很飽、很滿，把這種慳貪的心一齊捨去，快快脫離幽冥世界，生到西方極樂世界去。現在已經皈依了三寶，應該趕緊發出菩提心來，將來一定能夠成功佛道的。（無上道，就是佛道。）這種功德大到無量無邊，真是像沒有來的時劫，永遠沒有完結，所有一切的鬼魂，大家都來喫這種加了神咒的東西。

念的時候，應該念三遍：念第一遍、第二遍的時候，應該用一些米，或是一些飯拋在天空裏。念第三遍的時候，應該用一杯清水灑在天空裏，使得六道裏各種的鬼都來享受。

汝等佛子（有情／孤魂）眾，我今施汝供，此食遍十方，

一切佛子（有情／孤魂）共。願以此功德，普及於一切，

施食與佛子（有情／孤魂），皆共成佛道。

這是**發願求成佛道的偈**。你們許多的六道眾生，從前所受到喫的或是喝的東西，大半都是有生命的，（照這本施食儀所施的東西，當然都是素的，沒

有生命的。）喫喝下去，像毒藥一樣都是傷身的，都是造業的。我現在布施你們喫的東西，（**供**，是供養，就是拿東西給人喫。）都已經加念了神咒，不但是多得不得了，可以**遍**滿**十方**世界，（**共**字，就是所有十方的眾生大家都喫到的意思。）可以使十方眾生大家都喫到，並且都是法食，希望你們喫了這種法食，都發出菩提心來，求修成功佛道。還要你們先得道，就去度脫那沒有得道的，等到沒有得道的也得了道，再去度旁邊沒有得道的眾生，總要大家一齊成佛。我現在情願把這種施食的功德普遍回向一切法界的眾生，誓願眾生沒有一個不成佛道。

念的時候，要觀想：一切鬼神各個受到所布施的食品，飽滿快樂，一齊都生到西方淨土去。

唵。穆力陵。娑婆訶。

這個咒叫**施無遮食眞言**。**無遮**是沒有阻礙的意思，因為上面所念的各種咒，恐怕念的時候，稍有一些不誠心，念得不得法，那麼，兇狠的鬼就要欺壓和善的鬼或是有冤仇的鬼，大家就要爭鬥起來。或是業重的鬼還有聽不到的，那就不能夠平等普遍來享受這種施食了。所以再念這種咒，要使得上面所說的各種阻礙都可以破除，就是有冤仇的鬼也都可以解開。

念的時候，要觀想：所有一切的鬼神，不論是親的、冤的、遠的、近的一齊都到這道場裏來，沒有一些阻礙，大家歡喜得很。

唵。誐誐曩。三婆嚩伐日囉斛。

這是**普供養眞言**，（普供養，是各處都供養到的意思。）也出在瑜伽集要陀羅尼經上。因為念上面各種咒的時候，六道裏的各種鬼，有因為沒有聽到，所以就沒有來的。或是因為有別的種種緣故不能夠來，念了這種咒，可以使每一個鬼都不漏掉，都可以受到這種布施，就是真有不能來的鬼，也可以託已經來的鬼，代替他們把喫的東西帶去。那麼，就沒有一個鬼喫不到了。各個都受到了這種法食，就各個都會發出向佛道的心來了。

般若波羅蜜多心經

心經的經文，在朝時課誦裏面已經有過，並且已經有單行本的白話解釋，所以這裏不再印出來。

拔一切業障根本得生淨土陀羅尼

曩謨阿彌路婆夜。哆他伽哆夜。哆地夜他。
阿彌唎都婆毗。阿彌唎哆。悉眈婆毗。
阿彌唎哆。毗迦蘭帝。阿彌唎哆。毗迦蘭哆。
伽彌膩。伽伽那。枳多迦隸。娑婆訶。

這個咒名，和下面的阿彌陀佛讚、佛菩薩名號等，在阿彌陀經白話解釋裏面，都已經詳細講過，這裏也不再重說了，不過念這往生咒，最少也要連念三遍。

四生登於寶地，三有託化蓮池，河沙餓鬼證三賢，萬類有情登十地。

這也是一個偈，是總結束施食的功德，情願一切的眾生都生到西方極樂世界去，證到聖人的果位。**四生**是胎、卵、濕、化四種眾生。（四生，在朝課面四生九有一句底下已經詳細講過。）**寶地**是七寶莊嚴的地，就是西方極樂世界。**登於寶地**就是往生西方極樂世界去。

三有就是三界，（**三有**，是說得簡單，若是要說得詳細些，就可以說**九有**，所以朝課裏面就說**四生九有**，雖然說是九有，仍舊還是三界，不過把三界分成九種名稱罷了。）因為三界有生有死，有因有果，所以稱做有。**三界**就是欲界、色界、無色界。欲界就認做欲是有的，所以稱欲有。色界認做色是有的，所以稱色有。無色界又認做無色是有的，所以稱無色有。一切一切都認做真有，不明白這種有都是假有的道理，所以都稱有，三界也就稱三有了。**託化蓮池**是依託在生蓮華的池裏化生出來，就是蓮華化生，意思也就是生到西方極樂世界去。欲界裏，六道眾生完全的，天道、人道、阿修羅道、鬼道、畜生道、地獄道都有的。色界和無色界裏，就只有天道，沒有其他的五道。天道只有化生，沒有胎、卵、濕三生。人道和阿修羅道、畜生道，都是四生全有的。鬼道只有胎生、化生。地獄道只有化生。這上兩句的意思是，情願三界裏所有的眾生都生到西方極樂世界去。

河沙是說像恆河裏頭的沙那樣的多。**三賢**是十住、十行、十回向的菩薩稱賢人。**萬類**是說種類很多。這下兩句的意思是說，無窮無盡的鬼，（鬼也多得很，說餓鬼，是拿業重的鬼來包括各種業輕的鬼。）情願他們都能夠證到三種賢人的地位。多到無窮無盡的有情眾生，情願他們都得到十地聖人的地位。

大家看佛的慈悲心怎樣的深切？不但是希望凡夫做到聖人，連那鳥獸蟲魚，也希望他們都脫離畜生道，都證到聖人的地位。有這樣的大慈悲心，自然應該成佛了。**十地**的菩薩稱聖人，也稱十聖。別教的三賢，無明惑沒有破，所以只可以稱賢，不可以稱聖。十地雖然稱聖，但是，十地的破無明惑還不是完全破盡，不過破了無明的一部份罷了，所以叫分破無明。圓教的三賢，（別教、圓教，在佛法大意裏面已經講過。）已經到了分破無明的地位，但是仍舊只稱賢，不稱聖。圓教的十地，那是無明比別教的十地又破得多，所以叫多破無明，在圓教裏也稱聖。圓教的三賢雖然是分破無明，但是和十地，都是已經證到法性的大菩薩。（法性，就是真如性，也就是真如實相，也就是自性清淨心，名目雖然多得很，意思是一樣的。）念佛求生西方極樂世界，可以頓時超進十地的聖位。那麼，還有什麼法門可以比念佛更妙的呢？

從四生登於寶地一句起，一直到下面南無清淨大海眾菩薩，都要合了掌、跪著念。

● 阿彌陀佛身金色，相好光明無等倫。
白毫宛轉五須彌，紺目澄清四大海。
光中化佛無數億，化菩薩眾亦無邊。
四十八願度眾生，九品咸令登彼岸。
南無西方極樂世界大慈大悲阿彌陀佛。

念三聲

從阿彌陀佛身金色起，一直到下面南無清淨大海眾菩薩，在朝課裏面已經都詳細解釋過，所以這裏就不說明了。

●南無阿彌陀佛　念三聲

南無觀世音菩薩　念三聲

南無大勢至菩薩　念三聲

南無清淨大海眾菩薩　念三聲

朝課到最後，念西方三聖的名號，夜課到最後，也念西方三聖的名號。都是勸修行的人，歸束到西方極樂世界去的意思。實在是因為往生西方，是各種修行方法裏最簡便、最穩當的獨一法門，情願大家專心修這個方法，將來一定都可以往生西方。

淨土文

一心皈命極樂世界阿彌陀佛，

這是宋朝的慈雲懺主遵式法師做的一種發願偈。法師一生都在各處地方宏揚佛法，現在所傳的淨土懺，也是法師做的。他的威德聲名很大，真宗皇帝曉得了，賜他名號叫慈雲懺王。

一心是要把六根完全都收住，一點也不接觸著六塵，（接觸著六塵，就是眼看見了色，耳聽到了聲。）才可以叫一心。皈命是把自己的生命完全歸托極樂世界的阿彌陀佛。世界上的人所最看重的、最捨不得的就是這個生命，現在情願把生命歸托阿彌陀佛，求生到西方極樂世界去。

念的時候，最好在一心皈命一句上面加弟子某人幾個字。那麼，這個願就是念的人所發的了。

● 願以淨光照我，慈誓攝我。

發願求阿彌陀佛放出本來清**淨**普遍法界的根本智**光**來照我，（根本智，稱無分別智，能夠生出一切大悲功德的根本，所以叫根本智。）把慈悲的大誓願來攝受我，（**慈誓**，就是阿彌陀佛的四十八大願，在無量壽經裏面講得很詳細。攝字是收受的意思。）使我不走到別種不正當的路上去。我們從無始到現在，煩惱業障積得很深、很堅固，若是不仰仗佛的智慧、佛的願力，怎麼能夠滅除呢？

我今正念，稱如來名，為菩提道，求生淨土。

這是說明白所以求佛的緣故。念佛的時候，一心一意，只覺得佛在我的面前，沒有一些旁的妄想夾在裏面叫做**正念**，這樣的稱念阿彌陀佛名號，為的是什麼呢？就因為發了度眾生成佛道的心，（度眾生成佛道，就是**菩提道**。）所以要求生到西方淨土去。

阿彌陀經上說，念佛的名號，若是能夠念到七日一心不亂，就可以往生極樂國土，所以，只要能夠正念，一定可以往生淨土的。

● **佛昔本誓：若有眾生，欲生我國，至心信樂，乃至十念，若不生者，不取正覺。**

阿彌陀佛在從前沒有成佛，還在做法藏比丘的時候，在世自在王佛面前，發過度眾生生淨土的四十八個大願，裏面有一個大願說道：若是有眾生要生到我的極樂國土裏來，只要能夠誠心相信，（至心，就是誠心。）喜歡念我的名號，（喜歡，就是樂字的解釋。）哪怕念得很少、很少，忙裏偷閒，只照十念法念，（十念法，在阿彌陀經白話解釋最後，修行方法裏面講得很明白。）也沒有不能夠生到我的國土裏來的。若是照十念法念佛，仍舊有不能夠生到我國土裏來的，我就不願成佛。（取正覺，就是成佛。）因為阿彌陀佛發過這樣的大願，所以只要肯誠心念佛的人，沒有不能夠往生極樂世界的。

以此念佛因緣，得入如來大誓海中。承佛慈力，眾罪消滅，善根增長。

這是說念佛的功夫漸漸的深了，漸漸的有了感應，現在我依仗這個念佛的**因**和佛慈悲心的**緣**，能夠進到佛的大誓願海裏去。（**大誓海**，是指阿彌陀佛的四十八個誓願。因為這四十八個大願心，願願周遍法界，大得不得了，所以拿海來比喻。）這以此念佛因緣，得入如來大誓海中的兩句，就是說靠這個念佛的因緣，能夠應佛的誓願的意思，也就是念了佛就能夠生到西方極樂世界去的意思。

承蒙佛慈悲的力量，使得我從無始到現在，所造無量無邊的惡業都可以完全消滅，使得我本來有的各種善根都可以增加長大起來。

若臨命終，自知時至，身無病苦，心不貪戀，意不顛倒，如入禪定。

若是到了壽命快要完盡的時候，自己可以預先曉得死的日期，並且身體上沒有種種的病痛苦惱，心裏清清淨淨，沒有貪愛這個世界上一切身外的東西，也沒有捨不得離開這個世界的意思。（戀字，就是捨不得的意思。）念頭要立定，只想生到極樂世界去，沒有一些顛顛倒倒的妄想，像參禪的人入了定一樣。（參禪的人，專門定了心，靜坐參究佛的道理，等到功夫深了，一心一意，沒有一些亂念頭的時候，就是口中的呼吸也沒有，一坐定，可以經過許久時候不喫東西，差不多像死的一樣，就叫入定。這裏的如入禪定，是說心念安定，一些也不散亂，像禪定一樣。）

到了快要死的時候，能夠有這個樣子，那就一定可以往生。但是，平常時候，若是不至誠懇切用念佛功夫，那到了臨死的時候，所有生生世世造下無量無邊的業就一齊都要現出那種可怕的景象來，並且四大分離的時候，（四大，就是地、水、火、風。）還有種種說不出的痛苦，（病的時候、死的時候的種種痛苦，在阿彌陀經白話解釋裏面彼土何故名為極樂一節底下，講得很詳細。）這臨終的人，就要生出種種懼怕的心，慌張的心、雜亂的心、惱恨忿怒的心，或是看見了妻兒、財物、房屋、田產種種都捨不得拋棄，要求生又不能，要死一時又死不了，到了這個時候，什麼人還能做主呢？只有生出種種的妄想來。生出怎樣的妄想來，就落到怎樣的惡道裏去，結果一定逃不出這三惡道的。

所以念佛修行的人，都要在平常時候，預備好臨死的資糧，（資糧，是平常喫的糧食，譬如出門去，要預備好路費、食物的意思。這裏所說的資糧，是平時所積的念佛功夫、所發的往生誓願。）才可往生極樂世界，免得墮落，這是最要緊的，不可以忽略。

佛及聖眾，手執金臺，來迎接我，於一念頃，生極樂國。

聖眾是觀世音菩薩、大勢至菩薩，還有許多的菩薩，和緣覺、聲聞等種種回心向大的二乘，（回心向大，就是回小向大，前面已經解釋過。）都包括在面。

念佛的人，能夠修到像上面一節所說的情形，那是一定能往生極樂世界，所以，阿彌陀佛和觀世音菩薩、大勢至菩薩，還有許多的菩薩、緣覺、聲聞等。佛手裏還拿了金臺，都來迎接我，（**金臺**，是蓮華下面的臺座，有幾種的分別：上品上生的是金剛臺，上品中生的是金臺，再來品級較低的就是銀臺了。）只需轉一個念頭的時間，（**頃**字，就是一刻功夫。）就生到西方極樂世界去了。

照事相講起來，娑婆世界和極樂世界，隔開十萬億佛土的遠。但是照理說起來，娑婆世界在現前一念裏，極樂世界也就在現前一念裏，同在一念裏，自然要到就到了，並且還不需轉一個念頭的時間哩！

華開見佛，即聞佛乘，頓開佛慧，

一到了極樂世界，就生在七寶池的蓮華裏，那就要看品位的高低了。品位高的，華就開得快。品位低的，華就開得慢，（在朝課裏面詳細講過，可以看看。）但是沒有不開的。等到華開了，就能夠見到佛，就能夠聽到佛的說法，（佛乘的**乘**，就是車，拿車來比喻佛法。佛用佛法把這邊生死岸上的眾生帶到那邊涅槃岸上去，像用車裝了人度過去一樣，所以佛法可以叫佛乘。）聽到了佛法，登時立刻（**頓**字，就是登時、立刻的意思。）本來自己所有和佛一樣的智慧也就開發顯現出來了。（**佛慧**，是佛的智慧，就是佛的權智實智。我們這些人的智慧，本來和佛是一樣的，因為被種種的煩惱遮蓋住，智慧就發不出來，所以成了凡夫，現在聽到了佛法，所有的煩惱一齊破滅，本來有的智慧自然就完全顯出來了。權智，是方便機巧的智。實智，是究竟不變的智。）

廣度眾生，滿菩提願。

到了這個時候，來去可以自由了，仍舊回到我們這個娑婆世界上來宣揚佛法，度脫無量無邊的眾生。在起初發願的時候，本來就為了要往生極樂世界，就為了要度眾生，所發的菩提大願。

現在已經往生，已經見到佛，已經聽到佛法，已經開了佛的智慧，已經到了初住的菩薩位，就可以到一百個世界去。等到進了二位，就可到一千個世界去。進了三位，就可以到一萬個世界去，隨眾生的機緣化度他們。每進一位，所到的世界就加上十倍，一直到了等覺、妙覺菩薩的地位，就可以隨處現身說法了。

回轉來，想到起初發的菩提願，不是已經完全圓滿了嗎？

十方三世一切佛，一切菩薩摩訶薩，
摩訶般若波羅蜜。

這三句在朝課裏面十大願王底下，都已經解釋過了。

普賢警眾偈

是日已過，命亦隨減，如少水魚，斯有何樂？

這個偈是說，人的生命無常，危險得很，一口氣不來就死了，所以要格外盡力的用功。偈的大意是說：這一天已經又過去了，過了一天，壽命就減少一天。像魚有水才能夠活命，若是水慢慢減少，魚就要不能活了。人的壽命慢慢減少，死就在眼前了，還有什麼快樂呢？

經上說，佛問：人命在幾時間？（幾時間，就是有多少時候。）一個比丘回答道：在一日間。佛說：你不知道！佛再問另一個比丘，回答道：在飯食間。（就是喫一頓飯的時候。）佛也說：你不知道！又問，還有一個比丘回答道：在呼吸間。佛說：你才真的知道了！

可見得一個人的生命要消失，不過在一口氣一呼一吸的瞬間那樣的快，那些不能夠預先曉得死亡時候的人，什麼都不曉得預備，更加不用說往生西方的資糧了。所以，還犯得著為了這個在呼吸間的生命去造種種殺生害命的大惡業？最後還是自己去受苦報呢！希望大家明白，不必把這個生命看得太重，為了這個很不牢靠的生命去造業。

大眾！當勤精進，如救頭然。但念無常，慎勿放逸！

這是警戒大眾人的。**精**是不夾雜，**進**是不退轉。就是說：大眾們應該要勤勤懇懇，發狠的精進用功，像火燒到了頭上，（**然**字，和燃字一樣的，就是火燒。）若是不趕緊去救，立刻就要燒死了。只要常常想念我們世界上所有的一切，像山河大地有成住壞空的變遷，人有生老病死的變遷，（成、住、壞、空，在阿彌陀經白話解釋裏面彼佛壽命一節底下。生、老、病、死，在彼佛何故名為極樂一節底下，都有詳細解釋。）諸法有生住異滅的變遷，（生，就是生出來、生起來。住，就是要安定停住不變動。異，就是漸漸地衰敗下來。滅，就是毀壞了，沒有了，滅掉了。）都沒有長久的，要時時刻刻想念無常兩個字，謹謹慎慎，不可以有一刻功夫放蕩，貪圖一些的安逸。

這個偈，現在各處做功課，只有出家人念，在家人都不念了，並且，大眾兩個字，又只有敲磬子的領眾和尚一個人獨念，其實這是一個叫醒人不要糊糊塗塗過日子的偈，出家人念固然很要緊，就是在家人，也何嘗不要緊呢？所以，應該不論出家人、在家人，大家都要念的。

三皈依

自皈依佛，當願眾生：體解大道，發無上心。
自皈依法，當願眾生：深入經藏，智慧如海。
自皈依僧，當願眾生：統理大眾，一切無礙。
和南聖眾。

這三皈依的字句意義在朝課裏面都已經解釋過，這裏不再說了。不過學佛的人最要緊是皈依三寶，不論做什麼功課，都要歸結到皈依三寶，所以夜課最後，仍舊把三皈依做結束。每念一種皈依就要拜一拜，三皈依就應該拜三拜。

大悲咒

千手千眼無礙大悲心陀羅尼

大悲咒在朝課裏面已經講過，這裏不再解釋了，咒的句子也不再印出來。

伽藍讚

南無伽藍聖眾菩薩　念三聲

伽藍是梵語，翻譯成中文就是眾僧園，意思是說，眾多僧人在這個地方學佛法、修佛道，像園裏種植花果一樣。**聖眾菩薩**就是寺院裏護法的護法神，因為這種護法神都是大菩薩現身的，實在就是菩薩，所以稱聖眾菩薩。護法的功德很大，所以就是神將也可以稱聖眾。

念這個偈應該要合掌念。

伽藍主者，合寺威靈，欽承佛敕共輸誠，
擁護法王城，為翰為屏，梵剎永安寧。

這是讚嘆伽藍聖眾菩薩的功德。

伽藍主者就是伽藍的許多護法神，照經上說，佛在世的時候，囑咐護法的神總共有十八位：一、美音。二、梵音。三、天鼓。四、歎妙。五、歎美。六、摩妙。七、雷音。八、獅子。九、妙歎。十、梵響。十一、人音。十二、佛妙。十三、歎德。十四、廣目。十五、妙根。十六、徹聽。十七、徹視。十八、遍視。在各處佛土裏，隨時隨處顯出威神和靈感來。

凡是皇帝做的事情、下的命令、說的言語，都要加上一個欽字，是表示尊敬的意思。這裏也用一個**欽**字，是尊敬佛的意思。**承**字是領受的意思。**敕**字和命令一樣的意思。**輸**字是拿出來的意思。**擁護**是保護的意思。**法王**是九法界說法的王，就是佛。**城**是比喻寺院。**法王城**是比喻講佛法的寺院。

翰是造牆時用在牆兩旁的兩根大木。**屏**是擺在門的前面或是後面，遮隔一切東西的，就像現在的屏風差不多，比喻護法神保護佛法，不被外面的魔來攪擾，像房屋有屏翰一樣。**梵**是清淨。**剎**本來是一個三千大千世界，這裏是說三千大千世界裏有名的寺院。

這個讚的意思：第一句是說寺院裏許多的護法神。第二句是說全寺都充滿了他們的威神靈感。第三句是說都恭敬領受了佛的吩咐，大家拿出誠心來。第四句是說許多護法神同心合力，保護這個佛寺。第五句是說做寺院的屏翰。第六句是說使那些清淨的寺院，永遠可以安安寧寧，不被魔鬼邪神去擾亂。

南無護法藏菩薩摩訶薩，摩訶般若波羅蜜。

法藏是包藏佛法的庫，**護法藏**是保護法藏，護法藏菩薩就是保護法藏的護法神。這是皈依護法菩薩。

夜課到這裏是已經圓滿了，拜了三拜就可以完事，但是佛法不可以有一些些破壞，保護佛法是一件最要緊、最重大的事情，所以在一堂功課的最後，要讚嘆護法神的功德，還要皈依護法神，依靠護法神使得佛法可以永遠留存在世界上，一世一世的眾生都能夠聽到佛法。

念這個讚也要合掌念。

回向文

回向其實也就是發願。修行人的發願，譬如走路的人定了走路的方向，才不會走錯路。修行人發了願，修起來才有一個結果。所以，發願是最要緊的。回向發願的話頭很多，有長的，有短的，長的叫**回向文**，短的叫**回向偈**，阿彌陀經白話解釋最後修行方法裏面，有好幾種哩！

不過，這下面的一篇回向文是說得最完全、最圓滿的，並且是專門回向到西方極樂世界去的。因為阿彌陀經白話解釋裏面漏掉了，沒有加進去，所以特地補在這本朝夜課白話解釋的後面，看的人必須要留心看，照著它念。

這一篇文是明朝蓮池大師做的，蓮池大師的法名是袾宏兩個字，在杭州五雲山雲棲寺修行，專門修淨土法門，後來真是生到西方極樂世界去，而且品位很高。我們念他的回向文，學他一樣發願，那麼，將來也可以像他一樣的上品生到西方去。

稽首西方安樂國，接引眾生大導師，
我今發願願往生，惟願慈悲哀攝受。

這四句是在發願文前面，先說一個偈，把所發的願大略先說一說，下面再詳細的說明白。

首就是頭，**稽首**是把頭拜到地上。第一、第二兩句就是拜西方極樂世界的阿彌陀佛，因為西方極樂世界是最安樂的地方，所以叫**安樂國**。阿彌陀佛是專心接引修行的眾生生到西方極樂世界去的，所以稱接**引眾生大導師**。**導師**上面加一個**大**字，是因為阿彌陀佛接引眾生的願心很大，凡是十方世界的眾生沒有一個不接引的，所以稱大。

第三、第四兩句是說，我現在發願往生到西方極樂世界去，但願阿彌陀佛發慈悲心，哀憐我、收受我。

● **弟子某某，普為四恩三有法界眾生，求於諸佛一乘無上菩提道故，專心持念阿彌陀佛萬德洪名，期生淨土。**

開頭要把自己的名字加在弟子兩個字底下念。沒有法名的，用平常的姓名。有法名的，就用法名。

普為就是普遍為了大眾的意思。所說的大眾，就是四恩三有法界眾生。**四恩**是說施恩德給我的四種人：第一、是佛的恩。第二、是國王的恩。第三、是父母的恩。第四、是師長的恩。**三有**就是三界。

一乘就是一佛乘。佛法是最高的法，沒有第二種法可以比得上，所以叫一乘，就是第一的意思。

持念就是常常念，譬喻揑在手裏不放鬆的意思。**期**字是希望的意思。

這幾句的意思是說，我弟子某人，普遍的為了四種有恩於我的人，和三界裏的眾生，還有各法界的一切眾生，求十方三世一切佛獨一無二最高佛道的緣故，專心常常念阿彌陀佛萬德齊備的大名號，希望能夠生到西方淨土去。這一段是為了大眾發的願心，並不是為了自己，所以說**普為四恩三有法界眾生**。

又以業重福輕，障深慧淺，染心易熾，淨德難成。

染心是污穢的心。我們本來的心是清淨的，因為造了種種的惡業，這個清淨心就變成污穢心了，譬如一塊白布，染了別種顏色一樣，所以叫**染**。**熾**是火旺的意思。這個污穢的心，常常要發出來，譬如火常常要燃燒起來一樣。

這四句的意思是：又因為我自己的惡業重，善福輕，業障深，智慧淺，這個污穢心容易像火那樣的燃燒起來，清淨的功德就難成功了。這一段是為了自己發的願心。

今於佛前，翹勤五體，披瀝一心，投誠懺悔。

翹字和**勤**字差不多的意思。**披**字是披開來的意思。**瀝**字是滴出來的意思。投誠是把誠心投到佛面前的意思。

這四句的意思是說：我現在在佛的面前，勤勤懇懇五體投地的拜，（頭和兩手兩腳叫**五體**，五體一齊著地叫五體投地。）並且把這個心披露開來，把心的血滴出來，（這是譬喻誠心的意思。）投到佛的面前，很誠心的懺悔。

我及眾生，曠劫至今，迷本淨心，縱貪瞋癡，染穢三業。無量無邊所作罪垢，無量無邊所結冤業，願悉消滅。

曠字本來是空的意思，這裏當它長久解釋，**曠劫**就是經過許多劫數的意思。**縱**是放的意思。**染穢**是說染上了污穢，就是說三業都犯了罪惡。**垢**本來是污穢的意思，比罪業輕一些的各種煩惱都可以叫做垢。

這一段是說：我和眾生是從無始一直到現在，經過許多的劫數，迷惑了本來的清淨心，把貪心、瞋心、癡心放他壯大起來，使得身、口、意三種業都染污穢了，成了三惡業。所造的罪業、所起的煩惱、所結的冤仇都是無量無邊的多，現在既經懺悔了，希望完全消滅清淨，一些也不留。

從於今日，立深誓願：遠離惡法，誓不更造。勤修聖道，誓不退惰。誓成正覺，誓度眾生。

深誓願是很切實的願，不是浮面的願，所以叫做**深**。

這一段是說：從今天起，立很切實的願，一切惡的事情要遠遠地離開，立誓絕不再造。佛的道理要勤勤懇懇地修，立誓絕不退回轉去，也沒有一些懶惰的心。立誓一定要修成佛，立誓一定要度眾生。

阿彌陀佛以慈悲願力，當證知我，
當哀憫我，當加被我。

希望阿彌陀佛以**慈悲**的**願**心、慈悲的**力**量，來**證**明白我現在的懺悔、現在的發願，哀憐我的苦惱，（**憫**字，就是哀憐的意思。）保佑我的身心。（**加被**，就是保佑的意思。）

願禪觀之中、夢寐之際，得見阿彌陀佛金色之身，得歷阿彌陀佛寶嚴之土，得蒙阿彌陀佛甘露灌頂、光明照身、手摩我頭、衣覆我體。

禪是參禪。**觀**是觀照，閉了眼睛，定了心，描摩各種佛的境界，一邊看、一邊想，是一種作觀的修行方法。**寐**就是睡。

這一段是說：希望在參禪的時候，或是在作觀的時候，或是在夜間做夢的時候，能夠見到阿彌陀佛金色的身體，能夠踏到阿彌陀佛七寶莊嚴的土地，能夠得到阿彌陀佛的恩德，拿甘露來灌在我的頭頂上，放出光來照在我的身體上，用手來摸我的頭，拿衣服來蓋住我的身體上。（**覆**字，就是蓋的意思。）

使我宿障自除，善根增長。疾空煩惱，頓破無明。圓覺妙心，廓然開悟。寂光真境，常得現前。

宿障是從前所有的業障。**疾**是快的意思。**頓**是立刻的意思。**圓覺妙心**是圓滿覺悟的清淨心，就是本來有的真實心。**廓然**是開和空兩種的意思。**寂光真境**就是常寂光土，這個地方完全是佛的清淨法身所住的，這種境界是真實的，不是虛假的，所以叫真境，菩薩、緣覺、聲聞都不能夠到這個地方。

這一段是說：要使我從前所有的業障自然而然的一齊消滅清淨，所有的善根漸漸增添壯大起來。一切煩惱快快的變成空的、沒有的，各種無明立刻破除消滅。本來有的圓滿覺悟的清淨妙心，大大地開悟起來。**常寂光土**的佛境界常常能夠顯現在眼前。

至於臨欲命終，預知時至，身無一切病苦厄難，心無一切貪戀迷惑，諸根悅豫，正念分明，捨報安詳，如入禪定。

諸根就是眼、耳、鼻、舌、身、意六根。**悅豫**是快樂的意思。**捨報**是丟開這一世的果報，就是死的意思。因為我們人在這個世界上，就是要受業報才出生的，若是到了要死的時候，那是業報已經受完，可以捨棄這種世界了。這一段是說：到了壽命完結，差不多要死之前，可以預先曉得死的日期，身體上沒有病痛的苦，也沒有別種苦惱的災難，（厄，是小的災難。）心裏沒有什麼貪，沒有什麼捨不得，（戀，就是捨不得。）也沒有一點迷惑、糊塗，六根清淨得很，快樂得很，一點也不被眼、耳、鼻、舌、身、意牽動攪擾。不像有惡業的人，到差不多要死的時候，眼睛裏看見可怕的境界，耳朵裏聽到嚇人的聲音，鼻管裏聞著臭穢的氣味，舌根硬了，不能夠說話，身體各處不舒服，心裏就要煩惱起來，念頭多得很，顛顛倒倒亂起來。只有念佛求生到西方極樂世界去的正念清清楚楚，曉得這個受報的身體報應滿了，可以丟開了，安安定定、和和平平的去了，（安詳的詳字，本來是和和氣的和字一樣的意思，用在這裏，是很和平，沒有生氣的意思。）像參禪人入定一樣。

阿彌陀佛與觀音、勢至、諸聖賢眾，放光接引，垂手提攜。樓閣、幢幡、異香、天樂，西方聖境，昭示目前。令諸眾生，見者聞者，歡喜感歎，發菩提心。

到了這個時候，阿彌陀佛和觀世音菩薩、大勢至菩薩，還有許多菩薩、緣覺、聲聞等，許多聖人、賢人，大家都放出光來接引和放下手來牽引。（提攜，就是牽手的意思。）

天空裏現出又好看、又寶貴七寶裝飾成的樓閣、幢旛，還有很稀奇的香氣。天邊發出各種好聽的樂器聲來。西方極樂世界聖人的境界，明明白白都顯現在眼前。（**昭**字，是明白的意思。**示**字，是給人看的意思。）

使得許多眾生，無論看見的，或是聽到的，大家都很歡喜、感動、稱讚，（嘆字，就是稱讚的意思）就各個發出求成佛的心來。

● **我於爾時，乘金剛臺，隨從佛後，如彈指頃，生極樂國。七寶池內，勝蓮華中，華開見佛，見諸菩薩，聞妙法音，獲無生忍。**

我在這個時候，坐在金剛臺上面，（**乘**，就是坐的意思。**金剛臺**，是蓮華下面的臺座是金剛的，上品上生的才能夠有金剛的蓮華座。）跟隨在佛的後面，像在**彈指**之間，就生到西方極樂世界去了。

在**七種寶**貝裝飾成的池裏，七種寶貝裝飾成的蓮華裏，（蓮華，也是七寶的，所以叫**勝蓮華**。**勝**就是好。）等到**華開**了，就見到了阿彌陀佛和各位大菩薩，聽到很好的**法音**，（**法**音，就是講佛法的聲音）就可以得到**無生忍**，（**獲**字，用在這裏是得到的意思。**無生忍**，是能夠把這個心安住在真如實相上面，覺得絲毫沒有凡夫的情念可以丟棄，也沒有聖人的見解可以取得的意思。

一切眾生本來沒有生也沒有滅，所以大家看見生生死死，都是因為貪、瞋、癡種種虛的、假的亂念頭太多了，才現出這種生滅的形相來。講到真如實相的道理，的確是沒有滅也沒有生的，說了沒有生，那沒有滅就包括在裏面了，所以只說**無生**。**忍**字本來是忍耐的意思，現在是拿忍耐來比喻那得無生忍的人，心裏很安逸舒服，沒有一些念頭發生的意思。無生忍是證得心念沒有生滅的道理，就是能夠不動心的意思。

證得了心念沒有生滅的道理，就能夠見到一切法都沒有生滅的形相，所以又叫**無生法忍**，這是要真正見到了真如實相的道理，才能夠得到這種忍，得到了這種無生忍，就永遠不會被外面的境界迷惑動搖他的心，使他再退回轉去了，無生忍在佛法大意裏面也講到過，可以一起看看。）就可以永遠脫離生死，真正的自由了。若是要曉得往生西方的詳細情形，只需看阿彌陀經白話解釋就可以明白了。

於須臾間，承事諸佛，親蒙授記。得授記已，三身、四智、五眼、六通，無量百千陀羅尼門，一切功德，皆悉成就。

須臾是一刻兒功夫。**承事**是伺候的意思。**授記**的**授**字是給他的意思。**記**字是記名，就是記名成佛，在沒有成佛之前，先受佛的記名，將來成佛後叫什麼名號，把名號先記好，等到成了佛，就稱這個名號。像釋迦牟尼佛沒有成佛的時候，燃燈佛為釋迦牟尼佛記名，說道：你下一世應該成佛了，名號叫釋迦牟尼。到了下一世，釋迦牟尼佛真的成佛了，就把燃燈佛所給的釋迦牟尼四個字當做名號。**陀羅尼**是梵語，翻譯成中文是總持兩個字，是捉住了，不放它失去的意思，就是常常想念各種的佛法，不放它忘卻的意思，也可以當做法字來解釋。

這一段是說：在一刻兒功夫就可以伺候到許多的佛，親自受著佛替我記將來成佛的名號，等到記了成佛的名號後，所有三身、四智、五眼、六通，無量無邊的法門，（三身、四智、五眼、六通，在佛法大意和阿彌陀經白話解釋裏都有詳細解釋。）一切的功德完全都可以成功了。

然後，不違安養，回入娑婆，分身無數，遍十方剎。以不可思議自在神力種種方便度脫眾生，咸令離染，還得淨心，同生西方，入不退地。

一切功德，都已經修成了。那麼，本體可以不離開西方極樂世界，（**違**字，是離開的意思。**安養**就是西方極樂世界。**本體**，是原來的身體。）用化身來回到娑婆世界，化出多得數不清的身體，遍滿十方剎土。

用不可思議的心思來想、說話來講的自由自在的神力，行出種種的方便法門來度脫眾生，使他們一齊離開這污穢的妄心，（**咸**字，就是一齊的意思。）回復他們本來有的清淨心，（**還**字，就是回復的意思。其實清淨心是每個人本來有的，因為被妄心染污了，所以清淨心顯不出來，現在既經離開了這種污穢心，清淨心自然回復了。回復，並不是本來沒有，現在才得到的，所以**還得**兩個字，只可以當它回復解釋。）一同生到西方極樂世界去，到那個不會退轉的地位。（西方極樂世界有種種的好處，有種種的上等善人，所以，去的人只有向前進步，不會退步。不退轉的地位，在阿彌陀經白話解釋裏皆是阿鞞跋致一句底下，有詳細解釋。種種的上等善人，是菩薩、阿羅漢一切的修行人都包括在裏面。）

如此大願：世界無盡，眾生無盡，業及煩惱一切無盡，我願無盡。

像上面所說的種種大願心，世界沒有窮盡，眾生沒有窮盡，眾生的業和煩惱都沒有窮盡，我的願心也就沒有窮盡。

這幾句的意思是：要世界沒有了，眾生度盡了，眾生的業和煩惱都消滅清淨了，我的願才算滿足。要曉得世界多到無窮無盡，哪裏會完全沒有？眾生無量無邊，哪裏會完全度盡？眾生的業和煩惱，那就更加多到不得了。一個人所造的業，照華嚴經上說，若業是有體的，那就盡虛空也裝不下去。一個人的業已經這樣多了，何況無窮無盡的眾生，各個所造的業還得了嗎？哪裏會消滅清淨呢？這幾種都是不能夠完盡的，那麼，所發的願也永遠沒有完盡的時候。

因此，蓮池大師所發的願大不大呢？不是和普賢菩薩所發的願差不多嗎？

所以，能夠上品上生到極樂世界去，就因為願心大的緣故。我們怎麼可以不學蓮池大師，快快的勇猛精進，發那樣的大願心呢？

願今禮佛、發願、修持功德，回施有情。四恩總報，三有齊資，法界眾生，同圓種智。

我現在希望拜佛、發願、修行種種的功德，（**修持**，就是修行。因為修行不可以間斷，要像捏住一件東西不放手一樣，所以用一個**持**字。）回轉來把這種種的功德布施給所有的有情眾生。

四種恩德一齊要報答的。三界眾生都要使他們得到我的幫助。（**資**，是幫助的意思。）九法界的眾生一同圓滿一切種智一同成佛。

念到這裏，最後再加念一句弟子某某發願，念完了，拜三拜，功課就圓滿了。發願的話頭，本來可以照自己的願心，自己做一篇文，或做一個偈來念。不過，自己做的恐怕不像從前大德所做的好，（大德，是有很大功德的人。）所以不如把以前現成的發願文，或是偈，至誠懇切地念，更加容易得益。

心靈札記

朝暮課誦白話解釋 / 黃智海著. -- 2版. --
臺北市：笛藤, 2019.01-02
冊；　公分
隨身版
ISBN 978-957-710-747-3(上冊：平裝). --
ISBN 978-957-710-749-7(下冊：平裝)
1.佛教諷誦
224.3　　108000116

隨身版
朝暮課誦白話解釋 下

2019年2月22日　2版第1刷　定價280元

作者	黃智海
監製	鍾東明
編輯	葉艾青
編輯協力	斐然有限公司
封面設計	王舒玗
總編輯	賴巧凌
發行所	笛藤出版圖書有限公司
發行人	林建仲
地址	台北市中山區長安東路二段171號3樓3室
電話	(02) 2777-3682
傳真	(02) 2777-3672
總經銷	聯合發行股份有限公司
地址	新北市新店區寶橋路235巷6弄6號2樓
電話	(02)2917-8022・(02)2917-8042
製版廠	造極彩色印刷製版股份有限公司
地址	新北市中和區中山路2段340巷36號
電話	(02)2240-0333・(02)2248-3904
郵撥帳戶	八方出版股份有限公司
郵撥帳號	19809050